本著作受2019年山东省社科规划研究项目《金融集聚视角下产业结构升级的空间格局演变研究——以山东省为例》(19DTJJ01)的资助

中国产业结构高级化的空间效应研究

孔凡超　著

图书在版编目（CIP）数据

中国产业结构高级化的空间效应研究／孔凡超著．
—北京：经济科学出版社，2020.3
ISBN 978-7-5218-1427-9

Ⅰ.①中… Ⅱ.①孔… Ⅲ.①产业结构优化－研究－中国 Ⅳ.①F269.24

中国版本图书馆 CIP 数据核字（2020）第 056237 号

责任编辑：白留杰
责任校对：刘　昕
责任印制：李　鹏　范　艳

中国产业结构高级化的空间效应研究

孔凡超　著

经济科学出版社出版、发行　新华书店经销
社址：北京市海淀区阜成路甲 28 号　邮编：100142
教材分社电话：010-88191309　发行部电话：010-88191522
网址：www.esp.com.cn
电子邮箱：bailiujie518@126.com
天猫网店：经济科学出版社旗舰店
网址：http://jjkxcbs.tmall.com
北京密兴印刷有限公司印装
710×1000　16 开　11.25 印张　180000 字
2020 年 8 月第 1 版　2020 年 8 月第 1 次印刷
ISBN 978-7-5218-1427-9　定价：56.00 元
(图书出现印装问题，本社负责调换。电话：010-88191510)
(版权所有　侵权必究　打击盗版　举报热线：010-88191661
QQ：2242791300　营销中心电话：010-88191537
电子邮箱：dbts@esp.com.cn)

前　言

我国正处于适应经济发展新常态和产业结构调整的关键阶段，经济发展面临着巨大的下行压力，产业结构优化与升级是目前中国经济结构调整的主要任务，在资源环境和需求双重约束条件下，转变经济发展方式，推动产业结构高级化发展，实现经济集约化，寻求经济增长新潜力点，已成为改变我国产业结构不合理的主要途径以及维持经济健康发展的必要条件。

在经济全球化和区域一体化背景下，产业结构调整在宏观层面不再局限于主导产业在某一地区或区域的更替与演进，往往通过多种渠道向纵深化方向发展。某一城市或地区产业结构调整通常会受周边城市或地区产业结构变动的影响，或凭借外部经济联系（贸易、投资、技术转移等）促进其周边地区的产业结构演变，城市间或区域间产业结构调整逐渐形成相互关联的"板块状"演进态势。发达地区产业集聚现象以及特大城市群的产业辐射效应明显。由于我国区域产业结构升级水平差距明显，产业结构空间分布已成为制约地区经济发展的重要因素。

本书以我国产业结构高级化为切入点，重点分析我国产业结构高级化的内在演化机制及其空间效应，从理论和实证两个角度研究我国产业结构高级化的空间关联效应和空间溢出效应，以期为我国产业结构升级的研究提供一种新视角。本书以产业结构演化理论、产业结构升级理论、新经济地理学等理论为基础，分别从经济发展、经济增长、梯度转移以及国际分工等角度阐述产业结构升级机制。一方面，基于宏观层面、中观层面和微观层面梳理和归纳产业结构升级的理论研究，并从产业结构升级趋势和路径、产业结构调整、影响因素、制造业升级、产业结构关联等方面总结相关实证研究。另一方面，总结基于需求角度的产业结构变迁理论模型和基于供给角度的产业结构变迁理论模型，并分别阐述产业结构变迁的内在演进机制。采用不同方法分析我国产业结构高级化的空间关联机制，考察空间效应对城市间产业结构高级化收敛的影响作用，并结合空间统计方法系统分析我国产业结构高级化发展的空间关联机制，把握产业结构演进规律，正确认识我国产业结构升级过程中的空间效应，这对正处于产业结构调整关键期的我国具有较强的实践意义。

孔凡超

2019 年 12 月

目 录

第1章　绪论 …………………………………………………… （ 1 ）

 1.1　问题的提出 …………………………………………… （ 1 ）

 1.2　研究思路和研究内容 ………………………………… （ 5 ）

 1.3　相关概念界定 ………………………………………… （ 7 ）

 1.4　研究框架和研究方法 ………………………………… （ 9 ）

第2章　相关理论基础和文献综述 …………………………… （ 12 ）

 2.1　相关产业结构理论 …………………………………… （ 12 ）

 2.2　产业结构升级理论 …………………………………… （ 15 ）

 2.3　新经济地理学 ………………………………………… （ 17 ）

 2.4　相关文献综述 ………………………………………… （ 20 ）

 2.5　文献述评 ……………………………………………… （ 33 ）

第3章　中国产业结构演进分析 ……………………………… （ 35 ）

 3.1　产业结构变迁的理论模型 …………………………… （ 35 ）

 3.2　产业结构高级化内涵及测度 ………………………… （ 46 ）

 3.3　中国产业结构高级化的特征分析 …………………… （ 48 ）

第4章　中国产业结构高级化的空间关联分析 ……………… （ 54 ）

 4.1　中国产业结构高级化空间差距测度及其分解 ……… （ 55 ）

4.2 基于核密度估计中国产业结构高级化分布动态演进分析 ………………………………………………………… (67)
4.3 中国产业结构高级化的空间网络关联分析 ……… (76)
4.4 中国产业结构高级化的空间集聚及其路径演进分析 … (89)

第5章 中国产业结构高级化的空间收敛分析 ……………… (103)

5.1 研究方法介绍 ……………………………………… (103)
5.2 基于 σ 收敛方法中国产业结构高级化的收敛性分析 …… (106)
5.3 基于 β 收敛方法中国产业结构高级化的收敛性分析 …… (109)

第6章 中国产业结构高级化的溢出效应分析 ……………… (115)

6.1 模型介绍 …………………………………………… (115)
6.2 变量说明和数据来源 ……………………………… (120)
6.3 实证结果分析 ……………………………………… (123)
6.4 进一步讨论 ………………………………………… (143)

第7章 研究结论及政策建议 ………………………………… (149)

7.1 研究结论 …………………………………………… (149)
7.2 政策建议 …………………………………………… (152)

参考文献 ……………………………………………………… (155)
附录 …………………………………………………………… (171)

第1章 绪 论

1.1 问题的提出

1.1.1 研究背景

世界经济发展史可以证明经济持续增长需要以产业结构转变为基本条件（西蒙，1999），产业结构发展失衡容易导致经济增长滞缓、收入差距扩大、资源环境破坏等社会问题，产业结构变迁在影响经济发展方面发挥着重要作用。20世纪60年代，"亚洲四小龙"经济体之所以保持高速增长，主要得益于产业升级和外向型经济发展等战略，中国、巴西和印度等新兴经济体保持较高的经济增长速度与其所处的工业化阶段密切相关，在工业化发展阶段，产业集聚产生规模经济效应，这使产业劳动生产率得到有效提升。大量实践研究表明，经济结构转变对劳动生产率的贡献程度造成了发展中国家经济增长率间的差异（McMillan and Rodrik，2011）。

从国际经济环境看，全球金融危机和欧债危机导致全球经济增速放缓、经济持续低迷以及国际市场需求疲软，世界各国进出口贸易均经历了大幅度波动，全球经济正处于深度调整期。在此大背景下，发达国家率先积极推进"再工业化"战略，从德国实施"工业4.0"战略到法国推动"新工业法国"计划,再到美国陆续出台《重振美国制造业政策框架》《先进制造业国家战略计划》等一系列措施,发达国家高端制造业逐渐回流,低端制造业迁往东南亚等国家,新一轮全球制造业产业正在重新布局。与此同时,我国正面临着发达国家经济上的高端打压以及新兴经济体低端上挤压,国际产业转移分化和国际贸易环境倒逼着我国产业结构向高级化方向发展。

在过去30多年里,我国经济持续保持着较高的增长速度,中国经济发展取得了令人瞩目的成就。2013年,我国第二产业增加值占比为43.89%,第三产业增加值占比达到46.1%,第三产业增加值占比首次超过第二产业增加值占比,并呈现出"三二一"发展特征,这进一步表明我国产业结构优化程度不断提高,实现了从工业化中期到工业化后期的过渡,标志着我国经济正逐渐由原来工业主导型经济向服务业主导型经济转变。2015年5月,国务院发布《中国制造2025》,旨在不断推动我国制造业产业结构迈向中高端。近几年,我国产业结构调整取得初步进展,以信息服务业为代表的新兴产业呈现爆发式增长,新一代信息技术的快速发展还带动了互联网、电子商务、云计算、文化创意等多个新兴产业强劲增长,新兴产业日趋规模化、效益化。

但在我国产业结构逐步迈向工业化中后期的过程中,产业结构升级进程还存在诸多问题:一方面,我国科技自主创新能力较弱,PCT专利申请占比、研发支出占比均明显低于美国等经济发达国家,创新型发达国家科技创新的贡献率基本达到70%以上,美国和德国均超过80%,而我国科技创新的贡献率仅在40%左右,远低于创新型发达国家的水平。另一方面,我国生产性服务业发展滞缓,尽管2013年我国第三产业增加值占比首次超过第二产业占比,但第三产业占比要显著低于中等收入国家水平(2011年为53.09%)。我国生产性服务业占服务业比例在46%左右,也远低于经济发达国家生产性服务业所占服务业比重(70%),这充分说明当前我国产业结构层次还处于较低水平,我国产结构的工业化程度和现代化程度与经济发达国家还存在较大差距，加快推进产业结构升级进程，不断提升我国产业结构水平，对于我国经济持续健康发展具有重要意义。

随着我国人口红利消退、劳动力成本上升以及西方制造业回流加快，制造业发展的"低端锁定"和"路径依赖"风险加剧，尤其近几年以来，受"三期叠加"和"三重冲击"① 的影响，我国传统产业包括钢铁业、纺织业、化工业等主要原材料产业的增长速度持续回落，由此产生的经济波动与产能过剩等问题愈发凸显。总体来看，我国产业结构失衡的矛盾越来越突出，包括产业结构区域发展差异明显、外向发展层次低、产业自身结构性矛盾、生产性服务业发展滞后等问题，这些问题造成我国整体产业结构水平低下，以及产业结构升级进程缓慢，直接影响着我国经济可持续发展。

由此可见，市场倒逼机制不断推动着我国产业结构转变其发展模式，面对国外新兴经济体和发达国家双重挤压，中国产业结构升级正处于关键节点。产业结构调整重点已不仅仅考虑改变三次产业及其内部的比例关系，更注重通过提升产业价值链的国际分工位置和企业自主创新能力，来进一步促进产业劳动生产率的提高。产业结构高级化是产业结构从低水平向高水平演进、从价值链低端向中高端攀升的一个过程，它是提升产业竞争力和促进经济持续增长的关键。

1.1.2 研究意义

1. 理论意义

在理论层面上，产业结构演进涉及多个领域，包括经济发展理论、

---

① "三期叠加"是指增长速度换挡期、结构调整阵痛期和前期刺激政策消化期。"三重冲击"是指资本积累速度下降、人口红利消失和"干中学"技术进步效应削减。

经济增长理论、梯度转移理论以及国际分工理论等领域，各个领域间交叉互动。这些理论一方面从"静态均衡"和"动态演化"等方面阐述产业结构变迁机制。另一方面从需求和供给（技术进步、资本深化、全球价值链、外商直接投资等）不同视角下分析产业结构变迁的内在动因。而新经济地理学和空间经济学强调个体与个体、系统与系统间的相互影响机制，随着演化经济学、新经济地理学等理论的不断发展和完善，越来越多学者开始关注和研究长期被忽视的空间因素，并将空间因素纳入一般均衡的分析框架中，以合理解释现实经济中城市间或区域间产业集聚和产业关联等现象。

本书以中国产业结构高级化发展为切入点，分别从需求与供给方面梳理和总结产业结构变迁理论模型，这为深入探讨产业结构高级化的演化机制和空间效应提供理论支持。此外，区域间产业结构高级化发展是动态、关联的，基于新经济地理学和空间经济学视角，通过空间统计方法分析产业结构高级化的演进机制、规律以及空间效应，使其研究视角从"静态均衡"转向"动态演化"，丰富区域产业结构高级化发展理论。

2. 实践意义

面对当前全球经济衰退形势，在经济发展新常态下，产业结构问题是我国当前经济发展面临的一个根本问题。作为其核心内容，加快产业结构升级，有效推动经济增长方式转变，已成为当前的一项迫切任务。产业结构变迁是一个连续、渐进过程，从产业结构历史发展轨迹来看，其过程主要包括以农业为主导、以工业为主导和以服务业为主导的产业结构三个阶段，作为经济发展的重要组成部分以及产业结构调整的核心内容，产业结构升级在国家和区域经济发展中发挥着日益重要的作用。而关于产业结构的文献较多集中于产业结构变迁、产业结构调整等方面。

越来越多的研究表明，在产业结构调整过程中，空间效应已成为其中不容忽视的重要影响因素。中国不同城市群间经济发展水平存在明显差距。一方面，不同城市群和地区的产业结构高级化过程中呈现出怎样规律，我国区域产业结构高级化在时间和空间上的差距有多大，差距来源有何变化特点，其整体及区域空间分布的动态演进又如何，一个城市或地区产业结构高级化发展是否受到其周边城市的影响，中国产业结构高级化的整体空间网络中各省份或区域在其中扮演什么角色，空间网络板块间存在怎样的空间传递机制。另一方面，我国产业结构高级化的空间集聚模式演化及其空间转移路径又如何，在不同城市群或地区中，产业结构高级化发展的收敛性有何特征，对于影响产业结构高级化发展的因素，其空间溢出效应又如何。基于此，系统分析我国产业结构高级化发展的空间关联机制，把握产业结构演进规律，正确认识我国产业结构升级过程中的空间效应，这对正处于产业结构调整关键期的我国具有较强的实践意义。

1.2 研究思路和研究内容

1.2.1 研究思路

本书以我国产业结构高级化为切入点，目的在于考察产业结构高级化的内在演化机制及其空间效应，首先以产业结构变迁理论和产业结构升级理论为基础，从需求角度和供给角度两方面梳理和归纳产业结构变迁理论模型。其次，重点研究我国产业结构高级化的空间差距、动态分布、空间关联、空间集聚以及空间收敛等方面特征——空间关联效应，最后，从空间视角进行我国产业结构高级化的影响因素分析——空间溢出效应，以期为我国产业结构转型升级提供一种新的研究视角，在此基础上，结合本书研究结论提出一些具有可行性的政策建议。

1.2.2 研究内容

第1章绪论。在阐述产业结构高级化的研究背景、理论意义以及实践意义基础上,界定相关基本概念,包括产业结构、产业结构调整、产业结构升级等概念,并介绍本书研究思路、内容框架、研究方法以及创新之处。

第2章相关理论基础和文献综述。首先围绕新经济地理学理论、产业结构演化理论、产业结构升级理论等理论,分别从经济发展理论、经济增长理论、梯度转移理论以及国际分工理论等方面阐述产业结构升级机制。其次,分别基于宏观层面、中观层面和微观层面归纳产业结构升级的理论研究,并从产业结构升级趋势和路径、产业结构调整、产业结构影响因素、制造业升级、产业结构关联等方面梳理和总结相关实证研究,为下文的分析提供理论支持。

第3章中国产业结构演进分析。首先,分别基于需求角度的产业结构变迁理论模型和基于供给角度的产业结构变迁理论模型阐述产业结构变迁的内在演进机制,并分别构建技术进步、人力资本与产业结构变迁的理论模型。其次,通过指数法测度中国产业结构高级化程度,将产业结构高级化的总效应分解为技术效应和结构效应。最后,以制造业为例,通过指数法测度和分析制造业升级的特征。

第4章中国产业结构高级化的空间关联分析。一是运用Dagum基尼系数及其分解方法分别测度全国和九大城市群产业结构高级化的总体空间差距、地区内空间差距、地区间差距及其来源和贡献率。二是结合核密度估计方法分析全国和九大城市群产业结构高级化分布动态演进规律,以描述产业结构高级化的不均衡分布特征。三是采用社会网络分析法,从关系数据角度考察我国产业结构高级化的空间网络特征,并分析产业结构高级化的空间效应和传递机制,充分认识各省份或区域在整体空间网络中的作用。四是引用ESDA方法、LISA马尔科夫链方法和空间马尔科夫链探究中国产业结构高级化的空间相关性、空间集聚模式及其路径演进规律,以期揭示地区产业结构高级化的内部动态性及长期稳态分布。

第 5 章中国产业结构高级化的空间收敛分析,在第 4 章基础上,为进一步考察城市间产业结构高级化空间差距的演变趋势,以及空间关联的内在特征,采用 σ 收敛模型和 β 收敛模型对城市间产业结构高级化进行收敛性分析,并进一步将空间效应分别纳入绝对 β 收敛和条件 β 收敛,以考察空间效应对城市间产业结构高级化收敛的影响作用。

第 6 章中国产业结构高级化的溢出效应分析。大多数文献研究将地理距离或经济距离处理为一个"黑匣子",忽视了"邻近"区域或城市产业结构升级过程中的空间溢出效应。以 2003~2015 年中国 285 个地级市以上城市数据为研究对象,在进行相关检验基础上,运用空间统计方法引入地理距离和经济距离进行产业结构高级化的空间溢出效应分析。此外,还依据区域分布、城市规模等标准进行拓展性分析,以增强模型所得结论的实践性和准确性,最后,从关系数据出发探讨各关系变量对产业结构高级化空间网络的影响作用。

第 7 章研究结论及政策建议。对本书所得出的主要研究结论进行总结和归纳,并结合相关研究结论提出政策建议。

1.3 相关概念界定

1.3.1 产业结构、产业转型与产业升级

所谓产业结构,是指社会生产过程中,一个国家或地区的产业组成,包括产业间资源配置状态、产业发展水平以及产业间技术经济联系,也可以表述为国民经济中各产业构成及不同产业间联系与比例关系。产业转型

涉及产业在结构、技术、组织等方面的变化,其主要含义是指在一国国民经济体系中,其产业规模、组织、结构以及相关技术装备发生显著变化的综合性动态过程。产业转型中最核心的组成部分为产业结构转型,产业结构转型会带来产业规模、组织以及相关技术等方面的变动。

产业结构高级化发展是产业结构演变的重要组成部分,也是一国经济发展取得实质性进展的重要体现。产业结构转变方式包括市场导向和政府导向两种基本类型,推进产业结构升级,实现产业结构高级化发展,主要在于如何把产业结构演进融入市场导向和政府导向的有机结合中,即在完善竞争性市场机制基础上,使政府产业调控政策通过市场机制来改变供给结构和需求结构,进而推进产业结构高级化发展。

产业结构调整与产业结构高级化、产业结构升级与产业升级等相关概念存在密切关系,产业升级与产业结构升级区别在于,产业升级的涉及面比较广,其既涉及单个产业的升级,又涉及整体产业结构的升级。产业结构升级是产业升级的核心内容,而产业结构调整包括两方面——产业结构合理化和产业结构高级化。产业结构合理化用来衡量经济体系中不同产业间资源的有效利用水平和合理配置程度;产业结构高级化用来衡量产业部门间技术效率和技术比例的转换。合理化侧重于强调产业间比例关系,用来反映产业间协调发展情况,而高级化遵循产业结构演化规律,侧重于产业结构的高级化,产业结构高级化发展是以合理化为基础,重心逐次转移的一个过程。

1.3.2 产业结构高级化

从产业结构高级化的发展程度方面来看,其主要涉及产业高附加值化——由低附加值产业向高附加值产业升级;产业高技术化——传统产业技术改进,企业技术密集程度提高;产业高集约化——由粗放型模式向集约型模式升级;产业高加工度化——由制造初级产品产业向制造中间产品产业以及最终产品产业等方向发展。

从产业结构演进角度来说,产业结构高级化是产业由劳动密集型向资本密集型、技术密集型以及知识密集型产业演进的过程,刘伟(2008)认为产业结构高级化不仅仅是不同产业的份额和比例关系,其本质上是一种劳动生产率的衡量,即一个国家或地区范围内,其劳动生产率较高的产业所占份额较大,说明一个国家或地区的产业结构高级化程度较高。只有各个产业劳动生产率水平提高时,"结构效益"得到提升,产业结构演进才有意义,否则有可能在一定时期内发生"虚高度"。具体来说,产业结构高级化演进过程主要涵盖三方面内容:一是产业重点依次转移,即在三大产业发展过程中,由第一产业逐渐向第二、第三产业演进;二是各种要素密集度依次转移,即在部门结构组成方面,由劳动密集型产业向资本密集型、技术密集型、知识密集型产业方向演进;三是部门产品形态依次转移,即在产品结构方面,由制造初级产品的产业逐渐向制造中间产品、最终产品的产业方向演进(周林等,1987;刘伟,1995)。在产业结构高级化发展过程中,生产要素逐渐由劳动生产率较低的产业部门向劳动生产率较高的产业部门流动,而新增生产要素或资源被配置到高劳动生产率产业部门,使高劳动生产率产业部门所占份额不断得到提高。

基于此,本书将产业结构升级的基本内涵界定为产业结构高级化,意在强调产业结构从低水平状态向高水平状态的演进过程。

1.4 研究框架和研究方法

1.4.1 研究框架

本书研究框架见图1-1。

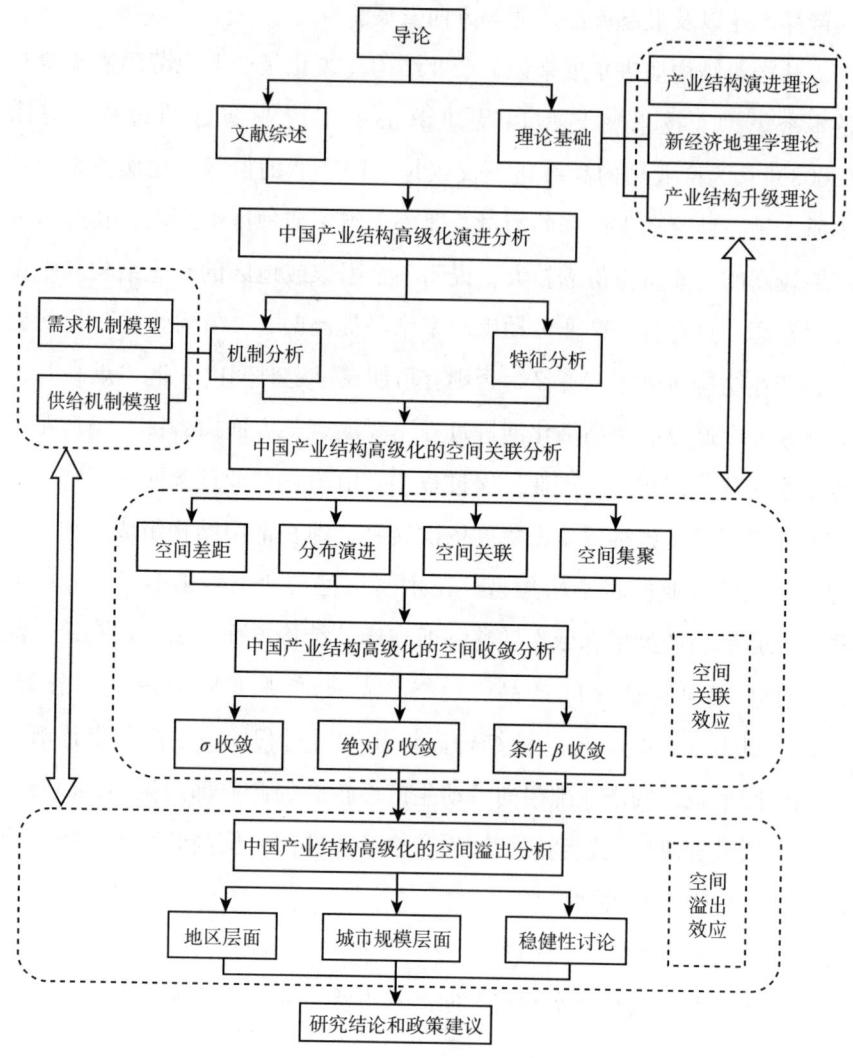

图 1-1 技术路线

1.4.2 研究方法

本书从空间视角考察产业结构高级化的内在演化机制。一方面,分析产业结构高级化的空间差距、动态分布、集聚模式以及空间收敛机制。另一方面，着重探究产业结构高级化的空间溢出效应，在理论分析和实证检验过程中，将理论推导和实证检验相结合、定性分析与定量分析相结合、静态分析与动态分析相结合等，具体包括文献研究法、动态比较分析方法、统计分析法等方法。

（1）文献研究方法。对国内外相关文献进行梳理和总结，分别基于宏观层面、中观层面和微观层面归纳产业结构升级的理论研究，并从产业结构升级路径、产业结构调整、影响因素、产业结构关联等方面总结实证研究。

（2）比较分析方法。从需求和供给两个角度阐述产业结构变迁的内在演进机制，以我国制造业升级为例，分析劳动密集型制造业、资本密集型制造业以及技术密集型制造业升级的动态分布特征，并分别对我国东、中、西部地区以及九大城市群产业结构高级化的空间关联征与收敛性进行分析，比较考察不同区域或城市群间产业结构高级化的空间集聚模式和路径转移规律。

（3）统计分析方法。采用空间统计分析方法描述和揭示我国产业结构高级化的空间效应。一方面，运用 Dagum 基尼系数、核密度估计和社会网络分析法研究全国和九大城市群产业结构高级化的不均衡分布特征，以及其中存在空间网络关系。并在此基础上运用 ESDA 方法、LISA 马尔科夫链方法和空间马尔科夫链方法探究中国产业结构高级化的空间集聚模式及其路径演进规律。另一方面，采用 σ 收敛模型和 β 收敛模型对城市间产业结构高级化进行收敛性分析，并在此基础上建立空间计量模型进行产业结构高级化的空间溢出效应分析。另外，主要采用 MATLAB、Geoda、UCINET、Python 等软件建立相关模型（动态空间计量模型、社会网络分析模型、空间马尔科夫链等）来刻画产业结构高级化的空间关联特征和空间溢出效应。

第 2 章　相关理论基础和文献综述

本章首先以产业结构演化理论、产业结构升级理论、新经济地理学等理论为基础,分别基于经济发展、经济增长、梯度转移以及国际分工等角度阐述产业结构升级机制。一方面,从宏观、中观及微观层面梳理产业结构升级的理论研究。另一方面,从产业结构升级趋势和路径、产业结构调整、产业结构影响因素、制造业升级、产业结构关联等方面归纳和总结国内外相关实证研究。

2.1　相关产业结构理论

2.1.1　配第—克拉克定理

1899 年,威廉·配第在其《政治算术》中认为,劳动力在制造业生产中获得的收入要大于其在农业生产中获得的收入,而商业生产中获得的收入要大于其在制造业生产中获得的收入。威廉·配第通过对欧洲国家的生产与经济活动的分析,并认为产业间收入存在差异特征。在此基础上,科林·克拉克(1940)提出三次产业分类法,指出劳动力能够在三次产业间实现转移。在经济发展初期,农业生产占主要地位,劳动力主要收入来源于农业生产，人均收入水平较低。在工业化时代，劳动力从事制造业的人均收入开始高于从事农业生产，这一时期劳动力人均收入要明显高于农业生产时期的人均收入。随着服务业发展，劳动力从事服务业的人均收入逐渐得到提高，并超过第一阶段和第二阶段的人均收入（科林·克拉克，1978）。配第—克拉克定理依据若干国家人均国民收入水平的变化探讨产业结构演变规律，考察劳动力在各产业分布中的变化。

2.1.2 库兹涅茨的"人均收入影响论"

在威廉·配第和科林·克拉克等的研究基础上，库兹涅茨在1985年深入分析产业结构演变规律，依据人均国内生产总值份额基准，从国民收入和劳动力两个层面分析其中比例关系，进一步证明了配第—克拉克定理。库兹涅茨采用时间序列数据和截面数据，通过劳动力分布指标和国民收入比重指标，综合分析产业内部变化特点和产业结构变动方向。库兹涅茨指出人均国民收入是产业结构变动的重要影响因素，国民收入增加使得需求结构改变，从而引起产业结构转型升级。随着经济的发展和社会的进步，以农业为主导的第一产业比重下降，人均收入分布状况呈倒 U 形，当人均收入达到一定程度后，第二产业比重会由初期的上升趋势逐渐转变为下降趋势，呈倒 U 形。第三产业国民收入比重和劳动力比重增加，第三产业比重呈现出上升趋势（西蒙·库兹涅茨，1985）。

2.1.3 霍夫曼定理

霍夫曼定理是产业结构变动的一般规律之一。1931 年，霍夫曼（Hoffmann）在其《工业化的阶段和类型》一书中提出"霍夫曼比例"，揭示了一国或地区在工业化进程中工业结构演变的规律。他采用大约20个国家工业结构方面的时间序列资料，分析制造业消费资料工业与资本资料工业间的比例关系（以两者间的净产值比值来反映两者的变化趋势）。在一定程度上，消费资料净产值代表轻纺工业部门净产值，而资本资料净产值代表重化工部门净产值，其实质上是反映工业结构中重工业化趋势。研究表明，在工业化进程中两者的比例呈不断下降态势，即重工业化趋势明显。第一阶段霍夫曼比例处于4~6，在这一阶段资本资料工业的生产不发达，消费资料工业的生产在制造业中占据主导地位。第二阶段霍夫曼比例处于1.5~3.5，在这一阶段尽管资本资料工业的发展速度比消费资料工业快，但其规模仍比消费资料工业规模小得多，即资本品生产发展迅速，但仍低于消费品生产。第三阶段霍夫曼比例处于0.5~1.5，消费资料工业规模与资本资料工业规模大体相当，资本品和消费品相差不大。第四阶段霍夫曼比例小于1，说明资本资料工业规模超过消费资料工业规模并继续上升。霍夫曼定理表明随着社会生产力水平的不断提高，在整个工业化过程中，消费品部门净产值与资本品部门净产值比不断下降，即资本资料工业在制造业中所占比重呈上升趋势。

2.1.4 雁行理论

日本学者赤松要（Akamatsu，1962）在1935年提出"雁行理论"，它是指随着国家间产业转移，一国不同产业先后兴盛衰退的过程，或某一产业先后兴盛衰退的过程。"雁行理论"主要涉及产业结构调整、出口导向战略、资本积累以及政府调控机制等方面的内容。在此理论中，"雁行理论"经济发展形态的典型代表国家为东亚经济体，其中，日本为雁头，其后依次是"亚洲四小龙"、中国大陆以及东盟各国。一方面，"雁行理论"主张在动态比较优势原则基础上建立追赶型经济发展模式，通过产品的进口——进口替代——出口发展模式，促使"进口替代"向"出口导向"转换，实现一国产业结构高级化发展。另一方面，"雁行理论"主张不同国家间的产业动态转移，在雁行理论中，当日本某一产业技术成熟且生产要素发生变化时，即该产业在日本国内产业中处于比较劣势时，该产业通过技术转移至"亚洲四小龙"，日本国内整体产业生产率得到提高，产业结构升级到新层次，而当该产业在"亚洲四小龙"经济体系中发展成熟且处于比较劣势时，相类似的，该产业又转移至其他国家，产业结构呈现先后顺序的发展。

2.2 产业结构升级理论

2.2.1 基于经济发展理论的产业结构升级

威廉·配第（1899）认为在不同经济发展阶段对应着不同的产业结构，在产业结构由农业、工业和服务业的演变过程中附加值依次提高。随着经济发展理论不断成熟，刘易斯的二元结构理论（1954）、赫希曼的非平衡增长理论（1970）、库兹涅茨的人均收入影响论（1971）以及钱纳里等的标准产业结构（1975）等理论均对产业结构升级问题进行了阐述。其中，"二元结构理论"阐述了两部门结构发展模型，"二元结构理论"是由刘易斯（1954）在其《劳动无限供给条件下的经济发展》中提出，该理论揭示了发展中国家存在传统农业经济体系和城市现代工业体系两种不同的经济体系。在发展中国家传统农业经济体系中，存在边际生产率为零的剩余劳动力，二元经济结构将会伴随着剩余劳动力的非农业转移而逐步消减。创新驱动理论和经济周期理论发展为形成技术进步促进产业结构转型升级的观念奠定了基础。

2.2.2 基于经济增长理论的产业结构升级

新古典经济增长理论（哈罗德，1948；索罗，1956）强调资本积累对经济增长的影响作用，并解释了早期工业化产业结构的转型。在经济增长理论研究中，新经济增长理论（罗默，1986；卢卡斯，1988）将技术进步和人力资本引入生产函数，在资本积累基础上强调知识积累在经济增长中的关键作用，解释了在全球化和知识经济时代背景下提高技术进步和人力资本，形成"干中学"和知识外溢效应，促进产业结构转型升级。罗斯托（Rostow，2001）在《经济增长的阶段》提出了"主导产业扩散效应理论"和"经济成长理论"，他认为主导产业应具有以下特征：有效吸收技术、自身高增长率和扩散性。主导产业发展能够对为自己提供生产资料的部门产生积极影响，诱导新技术和新兴产业出现，此外，主导产业的扩散效应还能够影响其周边产业结构演化方向和地区经济发展。

2.2.3 基于梯度转移论的产业结构升级

从外在因素来看，根据产业梯度发展理论，产业结构升级主要通过协调相关产业的承接和转移来实现。雁行理论（Akamatsu，1962）、产品生命周期理论（Vernon，1966）等为产业转移奠定了理论基础。梯度转移论认为一个区域的产业结构决定了其经济的兴衰，这与区域主导产业的先进程度存在较大关系。区域间经济发展水平、技术水平等方面的差异在很大程度上决定了创新活动主要发生在高梯度区域。产业梯度转移主要由高梯度区域向低梯度区域推移，这种梯度转移主要包括从发源地向周围相邻城市推移和从发源地向距离较远的二级、三级城市推移。梯度推移理论与产业生命周期理论联系密切，它主要涉及新技术、新生产力的梯度推移。

2.2.4 基于国际分工理论的产业结构升级

早期传统比较优势理论（亚当·斯密，1776；李嘉图，1817）中指出各国应在国际分工生产中专注本国专业化或比较优势产品的生产。在传统比较优势理论背景下，比较优势产业会发生集聚，从而推动产业结构转型与升级。保护幼稚产业理论（弗里德里希·李斯特，1841）从贸易保护角度认为后发国家应对其国内新兴产业发展提供贸易保护措施，以促进新兴产业的快速成长，并在形成比较优势后开放国内市场，逐步建立完善的新兴产业体系，推动产业完成升级。此外，新贸易理论提出，一国可以通过补贴等手段扶持率先进入战略性新兴产业的企业，在不完全竞争和规模经济条件下使其在国际市场中获得成本优势和竞争优势（赫尔普曼，克鲁格曼，1985）。产品生命周期理论认为先发国家和后发国家间的技术产品贸易是由于技术产品在不同国家间成熟度差异造成的。

2.3 新经济地理学

新经济地理学的发展大致经历了三个阶段：第一代是基于要素流动视角研究经济活动的空间分布，这一阶段新经济地理学模型主要包括中心—外围模型、中心—自由企业家模型和中心—自由资本模型。第二代新经济地理学模型将 NEG 和内生增长理论结合，从动态化视角解释集聚——增长问题。第三代将异质性纳入 NEG 模型当中，产生了"新新经济地理学"。

在第一代模型中，最具有为代表性的是中心—外围模型，它是新经济地理学的根本。克鲁格曼（Krugman P.，1991）以迪克西特和斯蒂格利茨（Dixit Stiglitz，1977）的研究为基础，考虑了冰山交易成本和空间因素，建立中心—外围模型（CP 模型）。中心—外围模型（CP 模型）结构取决于运输成本、规模经济和制造业份额，产业集聚力主要来自于需求关联的循环因果关系和成本关联的循环因果关系。中心—外围模型（CP 模型）解释了基础条件相类似的区域为什么出现不同经济发展方式，以及区域一体化如何塑造经济活动空间分布机制。

第一阶段的新经济地理学模型大多数是静态模型，在第一阶段的静态模型中并没有考虑集聚对创新效率的影响，第二代新经济地理学模型将静态分析框架扩展到动态分析框架，在这一阶段大量学者做出了重要努力，如华尔兹（1996）、鲍德温（1999）、马丁和奥塔维诺（1999，2001）、鲍德温等（2000）、山本（2003）、藤田昌久和蒂斯（2003）。其中，鲍德温、马丁和奥塔维诺（Baldwin、Martin and Ottaviano，2001）提出 NEGG 模型，将以实际本地化知识溢出形式实现内生增长的模型引入新经济地理学的框架中，从资本内生形成和地区分布角度研究地区经济增长问题。

第一代新经济地理学模型假设企业同质，且在观测区域的偏好、禀赋和技术条件等方面同质。但是企业间或区域间在其产业规模及其生产率水平等方面存在很大差异，而且不同区域需求者的劳动技能水平、禀赋条件以及偏好等方面也不同，这些因素影响着经济活动的空间分布。第三代新经济地理学模型将异质性纳入 NEG 模型中。鲍德温（Baldwin）和大久保（Okubo）将企业异质性引入 NEG 框架分析中，认为高生产率的企业会倾向于移向大市场。生产率最高的企业，边际成本相对较低，后向关联和前向关联效应越强，吸引企业越多。大久保等（Okubo et al.，2010）以低生产率企业和高生产率企业为研究对象，认为两种类型企业均能够在市场规模较大市场中获利。

新经济地理学的核心结论主要集中于以下几个方面：

(1) 三种市场效应的存在。一是本地市场效应，它是指随着本地市场规模的扩大，越来越多的企业集中于本地区，即企业希望位于更大的市场。外在需求空间分布的变动使企业改变原有区位，本地市场效应在产业集聚中发挥着重要作用，一个地区市场的增大会使该区域内企业数量增加，地区或企业间生产要素收益差异使生产要素在地区或企业间发生流动，产业间上下游的关系产生集聚力量。二是生活成本效应，这种效应主要体现在企业集中的区域，该区域生产的产品种类和数量较多，运输成本低，工业品价格和消费者的生活成本也较低。三是市场拥挤效应，它是指区域内企业数目越多，市场竞争程度越激烈，由于市场竞争效应的存在，企业趋向于选择竞争者较少的区位。企业越集中的区域，其竞争程度越激烈。由此可见，市场拥挤效应支持经济活动分散，而生活成本效应和本地市场效应促进经济活动的集聚。

(2) 循环累积因果链的存在。本地市场效应和生活成本效应产生集聚力，市场拥挤效应产生分散力，分散力与集聚力的相互作用结果使得产业空间市场达到均衡。三者关系共同形成了循环累积因果关系。贸易成本较高时，市场拥挤效应要大于本地市场效应和生活成本效应，但随着运输成本下降，本地市场效应和生活成本效应的减弱速度要小于市场拥挤效应，这进一步促使形成循环累积因果的集聚机制。在此基础上，新经济地理学还涉及内生的非对称性、突发性聚集和区位黏性以及聚集租金等方面。

新经济地理学认为经济空间演化分异现象的发生与外生差异条件无关，集聚效应主要由专业化分工所产生规模经济、地方市场需求以及产业地方化构成。在新经济地理学背景下，诸多文献集中于区位空间异质性、生产要素流动以及企业异质的关系。奥塔维诺（Ottaviano，2011）认为企业异质的来源与经济集聚存在密切联系。企业异质加剧了经济活动的地理集聚，随着企业间劳动生产率异质性的增强，分散力和集聚力均会降低，但分散力下降得更快（Ehrlich，Seidel，2013）。

作为一个处于经济转型中的大国，我国经济活动的区域分异明显。从经济活动空间分布来看，我国具有多个层面的集聚与分散。在世界范围内，我国沿海地区的环渤海经济圈、长三角经济圈以及长三角经济圈将成为具有重要影响作用的世界经济集聚区；在国内，各省或各区域经济呈现出中心——外围的空间结构；在城市内部，产业集聚区和产业集群愈发明显。这说明从经济地理学角度解释中国经济活动空间分布机制具有重要意义。

2.4 相关文献综述

产业结构概念最早由威廉·配第提出，后经克拉克、库兹涅茨、霍夫曼等学者丰富和发展了产业结构理论，产业结构理论在20世纪50～60年代得到了较快发展，西方国家学者较早开始从理论和实践角度研究产业结构转型升级，并形成了相对成熟的理论和经验。

2.4.1 相关理论研究综述

随着学者们对于产业结构升级的研究深化，相关理论研究成果在宏观、中观以及微观等层面越来越多，本节将从宏观、中观以及微观层面进行总结和梳理。

（1）基于宏观视角的产业结构升级理论研究。在宏观层面，相关理论研究主要集中于产业结构调整与演进，其主要可分为结构主义、比较优势、产业转移、国际分工等方面。在结构主义方面，克拉克（Colin Clark）、库兹涅茨（Kuznets）等学者深入分析经济增长中的产业结构变化，探究三次产业转换与经济增长之间的内在关联。产业结构升级的内在驱动因素主要包括需求结构和供给结构两方面，产业间收入差异使劳动力由收入较低产业向高收入产业转移（克拉克，1957），而劳动生产率因素是产业结构变迁中的重要因素（库兹涅茨，1985）。钱纳里（Chenery）和赛尔昆（Syrquin）在《发展的型式》一书中提出了标准产业结构理论，采用人均GDP指标分析一国产业结构演化规律（霍利斯，1998）。此外，我国学者周振华（1995）从需求结构、供给结构、创新能力以及资源配置等方面阐述我国产业结构升级的驱动因素。

在比较优势方面，李嘉图（Ricardo）基于比较优势理论从劳动生产率角度提出本国产业结构模式的思想。之后大量学者如斯蒂格利茨（Stiglitz）、克鲁格曼（Krugman）、赫希曼（Hirschman）等在比较优势理论基础上从规模经济、技术可获得性、战略性贸易等方面发展产业升级理论，并阐述如何实现产业结构升级。国内林毅夫（1999）、李荣林（2000）等学者从比较优势和国际分工等角度阐述如何实行动态比较优势问题，探讨我国如何在国际分工中实现产业结构升级。在产业转移方面，赤松要（1936）"雁行形态论"、弗农（1966）产品生命周期理论、刘易斯（1984）产业转移理论以及中心—外围理论等研究后发国家和地区如何通过产业转移促进产业结构升级。郑江淮（2005）基于两阶段最优产业配套模型，研究认为若本土企业与国际制造业资本形成产业配套，国际制造业资本转移带来的产业技术将有助于本土企业技术水平提高。此外，勃兰特（Brandt，2008）通过建立三部门（农业部门、非农国有经济部门和非农非国有经济部门）经济增长模型，分析部门间劳动力市场摩擦对经济结构变迁的影响。而戴克和范登布鲁克（Dekle and Vandenbroucke，2012）建立了包含农业和非农业的两部门增长模型，分析中国政府规模变化对经济从农业向非农业转型的影响，研究认为政府规模对我国农业部门劳动力份额下降产生显著影响。

（2）基于中观视角的产业结构升级理论研究。在中观层面，相关文献研究主要从全球价值链视角分析产业结构升级。格里芬（Gereffi，1999）指出产业升级是产业由劳动密集型向资本密集型和技术密集型不断演进、产品附加值由低到高的一个动态过程,在这一升级过程中企业创新具有重要作用。亨弗莱等(Humphrey et al.,2002)基于国际分工视角认为产业结构升级路径主要包括流程升级、产品升级、功能升级和链条升级。潘(Poon,2004)指出,产业升级在产业由劳动密集型向资本密集型以及技术密集型依次演进过程中,其相对应的产品价值也由低价值向高价值转换。亨弗莱和施米茨(Humphrey and Schmitz,2002)等学者将产业升级划分为四种类型,即功能升级、工艺流程升级、产品升级以及跨链条升级。

随着经济全球化,外商直接投资和中间产品外包等形式将产业价值链细分,使得以商品为基础的国际分工发展到产品内分工,这种产品内国际分工在促进全球产业生产率提高同时,导致经济落后国家在全球价值链中处于"低端锁定"状态,这在很大程度上限制了其本国产业结构高级化的发展。张辉(2005)在全球价值链体系内讨论经济战略调整与本地产业升级等问题。刘志彪(2009)、刘厚俊(2011)等学者基于产品价值链角度,探讨了我国外向型制造业产业升级的路径。张少军等(2009)基于商务成本和学习曲线视角,分析全球价值链模式下我国产业转移机制,并探究其对我国产业结构升级的影响,认为我国应构建国内产业价值链,通过产业转移促进产业结构升级,以摆脱低端锁定等发展困境。张明志和李敏(2011)认为产业升级在全球价值链分工中可以分为产业间升级和产业内升级,前者强调不同产业间的转换与升级,而产业内升级是指同一产业由低技术层次向高技术层次发展的过程。

(3)基于微观视角的产业结构升级理论研究。在微观层面,相关文献研究主要从企业投入要素视角分析产业结构升级。达斯古塔和斯蒂格利(Dasgupta and Stiglitz,1980)建立包含技术创新的企业决策模型,探究产业集中、市场结构与经济绩效间的关系。技术进步"创造性破坏"效应提升生产要素使用效率,在深化产业内部分工同时,不断扩大社会分工范围,在这一过程中,价值增值环节从原有产业部门逐渐分离出来，传统产业得到改造升级，新产业部门得以形成。阿西莫格鲁和其利博蒂（Acemoglu and Zilibotti，2001）研究认为，后发国家的技术引进应于本国劳动力相匹配，否则劳动生产率不会得到明显提高。林（Lin，2003）从技术选择假说角度发现，若发展中国家按照比较优势发展与其自身要素禀赋结构相匹配的产业，并引进与之相匹配技术，这将有效促进发展中国家的产业结构升级进程，否则容易造成资源错配和经济效率低下。丁焕峰（2006）认为创新使得各部门间生产要素转移，推动产业有序发展。孔曙光等（2008）认为产业升级物质基础主要来自生产设备和工艺的更新换代和生产性劳动力基本素质提升。豪斯曼等（Hausmann et al.，2006）在内生经济增长理论基础上，采用社会网络方法构建产品空间演化模型，通过产品邻近性和产品空间密度等指标分析其对产品升级的影响作用，并进一步将企业产品升级与国家产业升级路径的联系起来。

2.4.2　相关实证研究综述

近年来，越来越多的国内外学者开始关注和研究产业结构升级，在理论发展基础上，国内外学者对各国和各区域经济体的产业结构演进、升级等方面进行了大量的实证分析。与此同时，产业结构理论不断被用于我国实际经济研究中（郭克莎，1999），陈明森（2003）认为产业结构是各产业部门生产要素的配置结构和方式，而产业结构转变受多种因素（技术进步、需求结构、资源配置等）影响，在已有文献中，产业结构升级的影响因素主要包括技术进步、劳动力、需求结构、人力资本、产业集聚等方面。本节主要从产业结构升级、调整、影响因素以及空间关联等方面进行相关总结。

（1）关于产业结构升级趋势研究。产业结构升级外在表征为产业结构高级化，即原有生产要素由低生产率产业部门转移到高生产率产业部门，使高生产率产业部门比例不断上升，产业结构高级化包括比例关系改变和生产率提高（刘伟等，2008）。

在产业结构升级趋势方面，吴志华和王家新（2001）重点分析了产业结构高级化发展的微观基础，李悦（2002）从产业结构高级化与协调化角度阐述了产业结构升级的方向，黄湘燕（2003）研究了我国产业结构高级化必然趋势，刘伟等（2008）在探讨产业结构高度化内涵基础上，指出各省域产业结构高度具有明显层次性，产业结构高度自1998年开始呈现超乎寻常的高速变化，东部沿海地区产业结构高度要显著地大于中西部地区。闫海洲（2010）在构造产业结构层次系数的基础上，认为长三角地区产业结构高级化存在区域差异和趋同特征。黄亮雄（2013）从调整幅度、质量与路径三个维度考察我国产业结构调整，并构建产业结构变动幅度指数、高级化生产率指数、高级化复杂度指数和相似度指数，研究认为产业结构高级化生产率指数和高级化复杂度指数呈上升趋势，中国产业结构调整呈梯度推进趋势，其主要依赖于高生产率和高技术复杂度行业。汪海波（2014）基于经济史和思想史相结合的视角，进一步考察了中外产业结构升级历史，分析认为产业结构升级可以归结为两个基本方面的转变：三次产业在社会生产中主体地位的依次转变以及劳动、资金和知识密集型产业主体地位的依次转变，并指出当前我国产业结构升级的趋势。

在产业结构升级路径方面，赫伦多夫（Herrendorf，2014）研究认为西方发达国家产业结构变迁路径表现为：农业所占比重逐渐下降，制造业所占比重呈倒U形，而服务业所占比重逐渐上升的特征。张辉（2015）从投入产出的角度着重分析了我国产业结构高级化进程中的产业演进机制，认为我国第二产业主导性仍非常强，经济增长的驱动力主要来自于第二产业内部的资本要素流动。匡远配和唐文婷（2015）建立产业结构合理化度——高级化值评判矩阵，认为我国产业高级值呈递增趋势，中国产业结构优化值呈现"总体分异，区域聚类"特征。陈明和魏作磊（2016）从理论角度研究服务业开放引领产业结构升级的路径，研究认为产业结构升级与服务业开放之间存在较强稳定性，政府应增强知识—技术密集型服务业的贸易和开放，持续推动产业结构升级。焦新颖（2016）基于改进的偏离份额分析方法，探讨和研究北京各地域单元产业结构演进空间分异的规律及特征，研究认为北京市产业结构演进在空间上呈现出显著的中心—外围格局，不同区县产业演进表现出明显的空间分异，不同圈层具有明显的梯度特征。

（2）关于产业结构调整研究。产业结构调整与优化是后发国家转变经济发展方式的本质要求（Syrquin and Chenery，1989），提高要素资源配置效率，促进劳动生产率提升，推动产业结构高级化发展，对于促进经济增长和经济转型具有重要意义。周昌林（2007）基于专业化分工视角，通过分析我国产业结构水平，认为我国产业结构水平的主要决定因素是第二产业，而第三产业的滞后发展制约了我国产业结构水平的提高。何德旭和姚战琪（2008）从中国产业结构变动效应角度，重点探讨如何使得产业结构调整与产业结构变动效应相协调，认为我国产业结构升级应以高新技术产业为驱动力，积极培育和扶持现代制造业和现代服务业的发展，使其能够带动整体产业结构升级。黄亮雄等（2015）研究认为中国产业结构高级化更多地倚重于技术效应，具有显著省际竞争特征，而受政治激励影响，地方产业结构调整主要表现为结构效应方面的跟进，产业技术效率并未显著改变。王晓芳和于江波（2015）从新古典经济学要素流动视角研究产业结构变动的动态轨迹，研究发现第一产业产值重心呈无规律转移迹象，第二产业产值重心总体向西部移动，而第三产业重心呈现Z形转移轨迹。此外，劳动力要素由第一产业大量流向第三产业，而资本要素流向第三产业的速度快于流向第二产业的速度。黄亮雄（2016）采用工业企业数据库，并基于企业兴衰演变角度考察中国产业结构调整，分析认为结构变动效应要大于生产率提高效应，资本与技术密集型行业通过生产率提高效应与结构变动效应两方面引领产结构调整。

（3）关于产业结构升级的路径选择研究。产业结构升级的路径选择问题受到广泛关注，一地区产业结构升级路径的选择需要解决产业升级方向、产业升级幅度以及产业升级风险规避等方面问题（张其仔，2008），波特（Porter，1990）、阿布拉莫维茨（Abramovitz，1993）指出，产业结构升级的驱动力一般遵循由"劳动力驱动"向"资本和技术驱动"逐渐转变，而技术进步在这一过程中起到重要促进作用。蔡昉等（2009）在延伸雁阵模型的解释范围基础上，探讨制造业生产率与增长关系。研究发现，相比沿海地区，我国中部地区和东北地区的全要素生产率提高速度较快，并认为应注重东中西部地区间的产业转移与承接。黄茂兴和李军军（2009）研究认为技术选择通过提高资本劳动比率，进一步促进产业结构优化和升级。范文祥（2010）指出国内产业发展层级应与国际产业转移层级保持在适度的差级区间，以确保国际产业转移对我国产业结构转型升级的持续推动作用。宋周莺和刘卫东（2013）将产业结构升级路径分为经济发展路径和绿色发展路径，并分析西部地区产业结构优化路径，认为低碳发展机制和技术创新对于其产业结构转变具有重要作用。而杨亚平和周泳宏（2013）以我国大中城市为例，研究认为产业转移有利于我国整体产业结构升级。王晓红和陈范红（2015）以江苏省产业结构升级为例，提出江苏省应以实施创新驱动发展战略进一步推动江苏省产业结构升级。

（4）关于产业结构升级的影响因素研究。一国产业结构升级对其经济增长具有重要意义（McMillan and Rodrik，2011），国内外大量学者开始从需求和供给等角度分析产业结构升级的影响因素。

一部分学者从需求拉动方面研究产业结构升级，需求结构变动不仅影响企业技术创新，还对产业结构升级产生影响（Malerba，1985）。莱特纳（Laitner，2000）和孔萨穆特（Kongsamut et al.，2001）基于恩格尔定律研究认为随着消费者收入水平提高，服务业的扩张使产业结构不断优化和升级。乔为国和周卫峰（2004）认为居民消费需求结构的层次特性决定产业优先发展的次序，其对产业结构升级具有重要作用。沈利生（2011）基于投入产出模型，认为需求结构变动是产业结构变动的直接影响因素。张平和余宇新（2012）认为出口贸易增加导致中国服务业占比降低，阻碍了产业结构升级。孙军（2008）通过封闭条件的产业结构演变模型，认为需求空间不足会限制技术创新的形成，导致产业结构转型停滞。武晓霞（2014）认为社会消费需求促进产业结构升级，而投资需求对产业结构升级的作用并不明显。贾晓峰（2015）以江苏省投入产出数据为研究对象，研究表明需求结构可以通过优化产品结构来促进产业结构升级。

也有一部分学者从供给推动方面进行研究，即从技术、资本、劳动等投入要素角度分析产业结构升级的影响因素。在技术方面，技术进步较快的产业部门中，其产品相对价格较低，劳动力在产业部门间发生转移，进而推动产业结构转型（Baumol，1967；Ngai and Pissarides，2007）。技术创新是产业结构升级的重要驱动力，技术创新能够带来劳动生产率变革和需求结构变动（Peneder，2003；Greunz，2004），产业结构演变的主要物质基础是技术进步（孙桂芳，1991），两者之间存在密切关系，加快技术升级，能够有效改造传统产业和提高劳动生产效率。罗润东（2006）从技术进步角度分析生产要素在产业间流动受阻的原因，并认为技术进步有利于产业结构升级，但其易产生短暂性失业现象。吕冰洋（2008）研究表明技术进步提高了资本要素产出效率，而资本要素的投入能够促进产业结构升级。谢露露（2013）认为劳动力和资本在产业间自由流动是产业聚集效应基础，技术进步能够加速产业结构升级。从经济社会发展角度来看，技术创新或技术突破改变企业生产经营模式，使得相关企业和产业部门处于规模报酬递增阶段，引起企业或产业部门间要素结构发生变动，进而促使产业部门快速发展，相关企业或产业部门的发展速度在很大程度上与技术创新或技术突破时间存在较为密切关联（辜胜阻，刘传江，1998；何德旭，姚战琪，2008），而技术创新或技术突破的"扩散效应"和"极化规律"决定着产业间更替顺序以及结构变迁方向（齐讴歌，王满仓，2012），进而使得经济结构发生改变。具体而言，技术引进或技术创新促使投入要素由生产率较低的部门流向生产率较高的部门，即通过有效改变企业或产业部门间劳动生产率，促进产业结构转型升级（Peneder，2003）。技术创新或者技术引进使要素供给、需求结构相协调一致，需求空间得以扩展与延伸，实现技术与产业相融合（孙军，2008），产业结构在这三方面共同作用下向更高阶段转变，在一定时空条件下，技术创新或者自主创新是我国产业结构转型升级的直接推动力（姜泽华，白艳，2006；黄茂兴，李军军，2009；龚轶，2013）。

在人力资本因素方面，近年来，人力资本概念被广泛应用于经济增长、就业、收入分配等领域的研究中，现阶段越来越多的学者开始关注人力资本与产业结构的关系。劳动力要素在产业间转移的主要原因在于产业间劳动力报酬的差异，非农产业的高劳动力报酬吸引了大批农村劳动力（Lewis，1954）。刘鹤（1991）分析了中国劳动力在产业间和区位间的流动性，认为农业劳动力并非必须先流向工业，其可以直接流向服务业，这加快了产业结构升级速度。张保法（1997）从理论和实证角度阐述了产业间劳动力转移能够引起要素投入结构变动，进而提高了产业的全要素生产率。人力资本是产业结构升级的基础，人力资本水平提升能够促进地区产业结构向合理化、高级化方向发展（薛继亮，2015），作为经济发展的基础，人力资本的规模和结构在很大程度上决定了该地区产业结构转型升级能力，其与产业结构的匹配程度直接影响着产业结构转型升级的质量、方向和效率（王力南，2012）。首先，绝大多数学者认同人力资本水平的提升有利于产业结构转型升级，其促进作用主要体现在：一方面，人力资本的积累会产生"集聚效应"，这种比较优势会使相关产业或者部门率先进入规模报酬递增阶段，人力资本"配置能力"使产业部门间的生产要素合理配置,这种和"结构红利"保证了产业部门的转化能力,促进传统产业部门进行自我调整和升级(Peneder, 2003)。另一方面,人力资本提高不仅体现在其存量增加上,更表征为其所产生的功能效应。人力资本外部性特征在提高产业或部门生产效率同时,使产业结构朝合理化方向发展(代谦等,2006)。此外,人力资本通过"干中学"和"知识外溢"传导效应,诱发产业部门的技术研发与创新,进而推动产业结构向高级化发展(Romer,1990;Ciccone et al.,2009)。其次,人力资本是产业结构转型升级的关键环节,人力资本结构与产业结构的耦合相似度,很大程度上决定了劳动力、物质资本以及人力资本在产业间的配置效率。齐鹰飞和王伟同(2014)、张桂文和孙亚南(2014)认为产业结构转型升级需要一定的人力资本结构与之相适应,两者匹配程度越高,产业转换速度和创新能力越高效,产业结构转型升级进程越快。陈建军和杨飞(2014)研究认为人力资本水平结构优化有利于产业结构转移与扩散,通过提高产业结构转型速度和生产要素配置效率,进一步促进产业结构向高级化方向发展。

关于人力资本与产业结构的研究,大致可分为两个维度进行总结,一是从人力资本存量角度。靳卫东(2010)等研究表明,人力资本存量是产业结构转型升级的重要因素,人力资本存量与产业间生产要素流动性正相关,其水平在很大程度上决定着产业结构转型的速度、升级的效率。周海银(2014)认为人力资本水平的提升能够显著推动我国中、东部地区产业结构转型升级,但对西部地区的作用并不明显。此外,欧阳峣等(2010)发现人力资本与劳动资本、物质资本以及技术水平存在密切相关关系,人力资本外部效应显著,其在降低产业部门生产成本的同时,能够提高技术创新效率,促进产业结构升级。张其春等(2010)、张若雪(2010)研究认为我国产业结构转型升级速度缓慢,其主要原因在于我国人力资本存量较低、人力资本的产业分布失衡等。二是从人力资本结构角度。黄玖立等(2009)、张国强等(2010)认为,由于区域间劳动力质量水平差异,及人力资本的异质性特征,人力资本结构分布对产业结构升级作用呈现出明显的区域差异特点,从而使人力资本与产业结构关系变得更为复杂。而廖楚晖等(2008)研究发现,人力资本结构对我国不同区域经济增长的贡献作用具有明显差异,这可能是由于产业部门或地区间劳动力流动、技术差异,以及产业间人力资本的投入产出函数不同等因素造成的。

除此之外,也有学者从外商直接投资、政府干预以及经济增长等角度分析其与产业结构升级的关系。如胡向婷和张璐(2005)认为地方保护主义不利于本地区产业结构转型,而政府投资行为将有利于地区产业结构演进。刘宇(2007)通过面板数据模型分析我国三次产业工业增加值与FDI关系,结果表明我国FDI对产业结构的影响作用具有明显阶段性特征。文东伟等(2009)对我国贸易结构、产业结构和出口竞争力等方面进行了分析,并认为FDI促进我国产业结构由劳动密集型产业向资本密集型和技术密集型产业升级。付凌晖(2010)实证研究了产业结构升级与经济增长的双向关系,结果表明,我国经济增长正向促进产业结构高级化发展,而产业结构高级化对经济增长的影响并不显著。迪特里希和克鲁格(Dietrich and Kruger,2010)通过非线性回归方法分析德国经济周期认为,产业间生产率差异使生产要素从低效率产业向高效率产业转移。干春晖等(2011)研究表明我国产业结构变迁使得经济增长具有明显阶段性,长期来看我国产业结构合理化发展能够明显促进经济增长。褚敏和靳涛(2013)从地方政府行为和国有企业垄断两方面探讨中国产业结构升级缓慢的原因,结果表明地方政府主导的发展模式不利于产业结构升级,行政垄断是阻碍产业结构升级的重要影响因素,这种不利影响在东部地区更加显著。杨家伟(2013)等以河南产业结构演进为例进行分析,认为社会需求、劳动力、技术创新等因素是产业结构演进主要因素。于泽等(2014)从需求和供给两方面构建产业结构转型模型,研究认为收入增长和资本深化对我国产业结构转型产生的影响较大,同时还应提高第一、第二产业的技术进步率来进一步推动产业结构升级。刘晓露和裴少锋(2014)以河南省各个地级市为研究对象,实证研究表明,投资和政府规模等传统因素仍然是产业结构升级的主导因素。武晓霞(2014)基于空间面板数据模型分析认为,产业结构水平与技术水平和外商直接投资具有显著正相关关系。戴觅和茅锐(2015)分析我国不同部门间经济收敛的异质性特征,结果表明由于各省份工业化程度不平衡,我国省际间工业部门劳动生产率表现出绝对收敛特性,而非工业部门劳动生产率不存在收敛。张月友等(2016)以"苏南模式"演进为例,认为所有制结构变迁对产业结构高级化的提升具有巨大促进作用,即苏南所有制结构协同发展有利于该地区产业结构高级化水平的提升。于斌斌(2017)研究认为我国金融集聚能够显著促进东部地区和中部地区的产业结构升级,空间溢出效应明显。蔡之兵(2017)基于空间经济学理论体系,分别从空间形成、空间利益、空间竞争与空间接替等四方面研究我国产业政策。

(5)关于制造业升级方面。在研究产业结构文献中,较多学者开始关注制造业的升级,相关文献主要从全球价值链(Gereffi,1999)、外商直接投资(Ahmed,2012)、生产性服务业(盛丰,2014)以及对外直接投资(贾妮莎,申晨,2016)等不同视角下分析制造业升级机制。例如,嵌入全球价值链的汽车产业升级(Contreras et al.,2012)、国内外制造业价值链的互动关系(张少军,刘志彪,2013)等方面。而地区制造业升级受行业差异、发展阶段、区域属性以及国内外制造业发展趋势等因素的影响,表现出非均衡区域发展特征。已有文献表明我国制造业发展过程中具有空间集聚性和区域转移特征(罗勇,曹丽莉,2005;陈秀山,徐瑛,2008;刘红光等,2011;文东伟,冼国明,2014)。受地区间产业竞争优势变动影响,中国制造业呈现出先集聚后分散的演变过程,空间地理集聚程度不断加深,制造业空间核心区主要分布在华北平原和长江中下游平原,具有集中化聚集发展趋势(赵璐,赵作权,

2014），不同类型制造业的地理集聚趋势具有空间差异，资本密集型产业和技术密集型产业的空间集聚程度相对较高，劳动密集型产业趋向于东部沿海地区集聚（罗胤晨，谷人旭，2014），此外，我国制造业扩散式转移与集聚式转移并存，低替代弹性产业在空间转移上呈等级扩散模式，而高替代弹性产业在空间转移上呈扩展模式，东、中、西地区间出现大规模制造业转移（胡安俊，孙久文，2014）。

（6）关于产业结构空间相关研究。查阅相关资料，姜泽华和白艳（2006）研究认为，我国省域产业结构高级化发展并非呈现出完全随机状态，而是在其发展过程中表现出空间相似性与集聚性，且这种空间特征在东部沿海地区体现得非常明显。李金华（2006）研究发现，我国产业结构空间集聚具有明显地域特征，在产业结构由低级向高级演变过程中，产业结构水平具有 σ 收敛特征，这与不同区域要素资源、自然环境存在紧密关系。而高远东和陈迅（2010）运用空间滞后模型和地理加权回归方法验证中国31个省份产业结构的空间依赖性，并证实省域间产业结构存在显著空间依赖性，且其初始水平和人均GDP等因素对产业结构高级化发展具有空间差异性影响。焦勇（2015）实证检验发现人力资本空间集聚和劳动力空间集聚能够促进产业结构高级化发展进程，且这种促进作用在东、中、西部地区呈递减趋势。张翠菊和张宗益（2015）引入空间杜宾模型研究1997~2012年中国30个省份产业结构空间关联机制及其影响因素，结果表明，中国产业结构发展存在明显空间集聚效应和外溢效应，省域产业结构发展不仅受本地因素影响，还受来自邻近地区因素的影响。其中，外商直接投资、技术进步、资本投资、城市化、能源投资和居民消费等因素有利于产业结构升级，且政府消费、能源投资和居民消费的溢出效应显著。除此之外，于斌斌（2015）构建动态空间面板模型研究中国2003~2012年285个城市产业结构调整的经济增长效应，认为空间溢出效应是产业结构调整影响经济增长的重要因素，推进产业结构"服务化"的高级化进程是地区经济（特别是中小规模城市)"结构性减速"的主要原因。周迪和程慧平(2015)在蒲英霞等(2005)、何一鸣等(2011)研究基础上,运用 GIS 可视化技术,分析我国 31 个省份 1978～2012 年产业结构的空间动态特征,研究表明我国区域间产业结构水平的差距收敛态势明显,其发展呈现趋同化特征,且产业结构水平发达地区的辐射带动作用明显。陶长琪和周璇(2015)在产业融合背景下,研究信息产业与制造业间耦联对产业结构优化升级的作用机理,研究认为由于东部发达的经济体以及中部"两型社会"和"中部崛起战略"等政策,区域产业耦联的影响效应具有空间相关性。刘新争(2016)通过区域投入产出模型研究认为,区域间制造业的关联水平与区域间地理距离呈反比,转移产业需结合区域间地理距离、产业技术特征以及区域内产业关联等方面进行差异化分类。上述文献资料表明,我国省际产业结构发展过程中确实存在空间相关性。

2.5 文献述评

不难发现,关于产业结构研究主要集中于产业结构调整、产业结构演进趋势、产业结构升级路径、影响因素以及空间关联等方面,而特别是在近几年,随着空间计量经济学的发展和应用,越来越多研究文献表明,空间效应已成为研究产业结构发展过程中不容忽视的重要影响因素之一。但是,已有相关研究文献也暴露出一定局限性:一是部分文献采用空间计量模型分析产业结构空间特征时,这种空间作用仅局限于地理"邻近"或"相近"上,并未从整体角度考虑区域空间上可能存在的关联关系。二是现实中的复杂经济活动,往往使省际间产业结构关联关系成为"网络结构"关系,而绝大多数基于"属性数据"模型的分析往往难以揭示"关系数据"的整体网络结构特征。很少有文献从"关系"的角度来分析产业结构高级化的空间效应和传递机制。

此外，一方面，尽管已有文献表明我国产业结构升级过程中具有空间集聚性，但关于"我国产业结构高级化的空间差距有何变化特点""我国产业结构高级化的空间收敛性如何"以及"我国产业结构高级化的空间集聚模式演化及其空间转移路径"等问题还尚未进行深入探讨。另一方面，上述研究从不同视角为产业结构升级提供了大量理论支撑和实证检验，但大部分文献主要侧重产业层面的静态分析，鲜有文献从动态角度对地区产业结构升级的时空演变和路径转移进行系统研究。故本文采用探索性空间数据分析、空间马尔科夫链以及 LISA 马尔科夫链分析我国产业结构升级的空间集聚模式演化及其空间转移路径，以期揭示出我国产业结构高级化的空间效应特征。

第3章 中国产业结构演进分析

本章首先从需求角度和供给角度的产业结构变迁理论模型阐述产业结构变迁的内在演进机制,构建技术进步、人力资本与产业结构变迁的理论模型。其次,通过指数法测度中国产业结构高级化程度,并以制造业为例,分析其各细分行业高级化发展特征。

3.1 产业结构变迁的理论模型

产业结构演进的动力可以从需求结构和供给结构两方面阐述,需求驱动主要包括收入效应和相对价格效应两个方面。一方面,收入效应主要强调恩格尔定律作用(需求方面),即随着经济发展和消费者收入提高,消费者将会减少其对于必需品的消费,反而增加对其对高收入弹性产品的消费。消费者更偏重于高消费收入弹性产品。另一方面,相对价格效应是指商品间相对价格变化所产生的效应。商品相对价格的变化改变了消费者预算约束线,进而使得消费结构发生变化。相对价格效应的产生主要来自产业间技术进步率和资本劳动比不同,孔萨穆特(Kongsamut, 2001)、卡赛利和科尔曼(Caselli and Coleman, 2001)、莱特纳(Laitner, 2000)、福尔米和茨维穆勒(Foellmi and Zweimuller, 2008)等学者认为恩格尔效应是产业结构演进的重要因素。

供给驱动强调各部门生产技术增长率的差异，从供给方的技术进步角度来看，不同部门因技术进步率不同而导致产出增长率不同，鲍莫尔（Baumol，1967）指出产业间替代弹性和各部门产出增长速度是产业结构变迁的主要影响因素，他认为在部门间产品可替代的条件下，生产要素会从产出增长率较小的部门流向产出增长率较高的部门，从而使产业结构发生变迁和演进。林毅夫等（2009）通过动态一般均衡理论，构建了包含产业结构变迁、产品技术升级的内生增长模型，分析欠发达国家和发达国家的技术边界与最优产业结构。相关类似研究还包括克鲁格（Kruger，2008）、尼尔（Ngai）和皮萨里德斯（Pissarides，2007）等。从资本深化角度来看，齐利博蒂等（Acemoglu et al.，2008）认为整个经济的资本劳动比是产业结构转化的主要原因，在资本深化阶段，与劳动密集型部门的边际产出相比，资本密集型部门的边际产出相对较高，资本劳动比的不断上升会使服务业与制造业比值呈上升趋势，产业结构从制造业向服务业转型。而徐朝阳（2010）在齐利博蒂等（Acemoglu，2008）基础上推导和建立了三部门 CES 生产函数的产业结构变迁模型，并指出当部门间替代弹性大于 1 时，制造业部门所占比重呈倒 U 形的变化过程。

3.1.1 基于需求角度的产业结构变迁理论模型

孔萨穆等（Kongsamut et al.，2001）假设经济系统中存在农业、工业和服务业三个生产部门，各部门产出可用以下公式表示：

$$A_t = B_A F(\phi_t^A K_t, N_t^A X_t) \tag{3.1}$$

$$M_t + \dot{K}_t + \delta K_t = B_M F(\phi_t^M K_t, N_t^M X_t) \tag{3.2}$$

$$S_t = B_S F(\phi_t^S K_t, N_t^S X_t) \tag{3.3}$$

其中，A_t、M_t 和 S_t 分别表示农业部门、工业部门以及服务业部门的产出，农业部门产出 A_t 和服务业部门产出 S_t 用于消费，工业部门产出 M_t 用于消费和投资；ϕ_t^i 和 N_t^i 分别代表投入到部门 i 的资本和劳动份额；X_t 表示技术进步水平；$\phi_t^A + \phi_t^M + \phi_t^S = 1$，$N_t^A + N_t^M + N_t^S = 1$。假设劳动和资本能够在产业间自由流动，则劳动和资本的最有效资源配置方式在农业部门、工业部门和服务业部门间的边际转换率相同，即 $\phi_t^A/N_t^A = \phi_t^M/N_t^M = \phi_t^S/N_t^S = 1$。相对于工业部门，农业部门和服务业部门相对价格可以表示为：$P_A = B_M/B_A$ 和 $P_S = B_M/B_S$，所以资源约束条件可以写为：

$$M_t + \dot{K}_t + \delta K_t + P_A A_t + P_A S_t = B_M F(K_t, X_t) \quad (3.4)$$

假设代表性家庭具有 Stone-Geary 型效用函数，即：

$$U = \int_0^\infty e^{-\rho t} \frac{[(A - \bar{A})^\beta M_t^\gamma (S_t + \bar{S})^\theta]^{1-\sigma} - 1}{1 - \sigma} dt \quad (3.5)$$

其中，参数 σ，ρ，γ，θ，$\bar{A}$，$\bar{S}$ 均大于零，$\beta + \gamma + \theta = 1$，$\bar{A}$ 表示家庭所需要的最低农产品数量，ρ 表示贴现率，$\bar{S}$ 表示家庭自身提供的服务，$\dot{K}_t$ 表示 K_t 关于时间 t 的导数。在式（3.5）效用函数中，代表性家庭的服务业产品需求弹性大于1，其工业产品需求弹性等于1，而其农业产品需求弹性小于1。孔萨穆等（Kongsamut et al., 2001）研究认为，若上述模型满足"Kaldor 事实"，则就无法得出劳动力从农业部门向其他生产部门流动的结论。只有在总产出增长率保持不变，且最终产品的技术水平为常数的条件下，非一致性偏好所产生产业结构变迁才能出现，即上述模型既能满足"Kaldor 事实"，又能得出劳动力从农业部门向其他生产部门流动的结论。

在孔萨穆等（2001）研究的基础上，国内学者李尚骜和龚六堂（2010）构建三部门经济增长模型，模型将偏好结构内生化，并且认为农业人均收入和农业人口数量会影响农业生存消费的增长，而服务业人均收入和服务业的技术复杂程度会影响服务业自我提供服务的增长。经济代理人综合各种条件和因素确定农业生存消费和服务业自我提供服务的多少，进而决定农业部门和服务业内部消费结构，对于工业部门产品的消费，代表性家庭仅涉及家庭自身购买部分，而自我提供消费部分并不包含在内。在此基础上，李尚骛和龚六堂（2010）认为代表性家庭消费函数可写为：

$$C = \prod_{i=A,M,S}\tilde{C}_i^{\mu_i} = (C_A - \bar{C}_A)\mu_A C_M^{\mu_M}(C_S + \bar{C}_S)\mu_S$$
$$= [(1-\eta_A)C_A]^{\mu_A} C_M^{\mu_M}(1+\eta_S)\mu_S \qquad (3.6)$$

在式（3.6）中，μ_A、μ_M、μ_S 均大于 0，$\mu_A + \mu_M + \mu_S = 1$，从代表性家庭消费函数可以看出，代表性家庭的产品偏好具有非一致性特征。服务业自我提供服务与购买服务比例 $\eta_S = \delta_S y_S^{-\phi_S} L_S^{e_S}$，农业维持生存消费与购买消费比例 $\eta_A = \delta_A y_A^{-\phi_A} L_A^{e_A}$，其中，$y_i = Y_i/L_i$ 代表人均收入水平，δ_i 代表效率参数，δ_A、ϕ_A 表示农业人均收入和劳动力数量对 η_A 绝对效应的大小，δ_S、ϕ_S 表示服务业人均收入和技术水平对 η_S 绝对效应的大小。代表性家庭的消费品来自农业、工业和服务业三个部门，C_A 为购买农业部门消费品部分，$\bar{C}_A$ 为维持其自身生存的消费，C_S 为购买服务业部门的服务消费品部分，$\bar{C}_S$ 为自我提供的服务消费。上述模型方程能够反映出 $\bar{C}_A$、$\bar{C}_S$ 的内生决定过程。通过分析代表性家庭消费函数可以得出：非一致性偏好（偏好结构的动态变化）能够使内生经济结构发生改变。

3.1.2 基于供给角度的产业结构变迁理论模型

鲍莫尔（Baumaol，1967）提出两部门非均衡生产率模型，纳戈和披萨瑞迪斯（Ngai and Pissarides，2007）在此基础上建立了一个包含不同 TFP 增长率多部门非平衡增长模型。模型假定劳动 n 和资本 k 能够在各部门间自由流动,代表性消费者效用函数为:

$$U = \int_0^\infty e^{-\rho t} v(c_1, \cdots, c_m) \mathrm{d}t \tag{3.7}$$

其中,$\rho > 0$,$v(\cdot)$ 为瞬时效用函数,c_i 代表人均消费水平,$c_i \geq 0$。

此外,模型假设资本和劳动能够在部门间自由流动,且满足 $\sum_{i=1}^m n_i = 1$,$\sum_{i=1}^m n_i k_i = k$。其中,n_i 表示部门 i 的劳动力份额,k_i 表示部门 i 的资本劳动比例。在非平衡增长模型中,假定模型中共有 m 个生产部门,前 $m-1$ 个只生产消费品,第 m 生产部门生产最终消费品和资本品。消费方程和资本动态方程可以表示为:

$$c_i = F^i(n_i k_i, n_i) \tag{3.8}$$

$$\dot{k} = F^m(n_m k_m, n_m) - c_m - (\delta + v)k \tag{3.9}$$

其中,F^i 生产函数满足边际收益递减、规模报酬不变等条件,δ 为资本折旧率。假定各部门生产函数除 TFP 增长率外完全相同,以此来反映不同部门间 TFP 增长率的差异。

$$F^i = A_i F(n_i k_i, n_i) \tag{3.10}$$

$$\dot{A}/A = \gamma_i \tag{3.11}$$

产业结构变迁意味着某些部门劳动力份额随着时间变化而变化,$\dot{n}_i \neq 0$,产业结构变迁主要是由不同部门 TFP 增长率和不同产品替代弹性决定的。

$$\frac{\dot{n}_i}{n_i} - \frac{\dot{n}_j}{n_j} = (1 - \varepsilon)(\gamma_j - \gamma_i) \tag{3.12}$$

式 (3.12) 等号左边代表部门 i 劳动增长率与部门 j 劳动增长率之差,γ_i 为部门 i 的 TFP 增长率,ε 为不同产品间替代弹性。若 $\varepsilon < 1$ 或

$\gamma_j \neq \gamma_i$,劳动力会流向 TFP 增长率低的生产部门。若 $\varepsilon = 1$ 或 $\gamma_j = \gamma_i$,部门 i 和部门 j 间的劳动增长率相等,则不存在产业结构变迁现象。若 $\varepsilon > 1$ 或 $\gamma_j \neq \gamma_i$,则劳动力会流向 TFP 增长率相对较高的生产部门。

此外,阿西莫格鲁和顾瑞尔(Acemoglu and Guerrieri,2008)构建了两部门一般均衡模型,模型中包含外生技术进步,两部门生产函数为:

$$Y_1(t) = M_1(t) L_1(t)^{\alpha_1} K_1(t)^{1-\alpha_1} \quad (3.13)$$

$$Y_2(t) = M_2(t) L_2(t)^{\alpha_2} K_2(t)^{1-\alpha_2} \quad (3.14)$$

在两部门生产函数中,部门 1 [式(3.13)]表示劳动密集型产业部门,部门 2 [式(3.14)]表示资本密集型产业部门,两部门的技术进步外生,K_i 和 L_i 表示部门 i 的资本和劳动,资本和劳动在部门 1 和部门 2 间可以自由流动。部门 1 资本份额和劳动份额可以分别表示为:

$$\kappa(t) = K_1(t)/K(t), \lambda(t) = L_1(t)/L(t) \quad (3.15)$$

$$\frac{Y_1(t)}{Y_2(t)} = \lambda^{\alpha_1}(1-\lambda)^{-\alpha_2} \kappa^{1-\alpha_1}(1-\kappa)^{-(1-\alpha_2)} \left(\frac{L}{K}\right)^{\alpha_1-\alpha_2} \frac{M_1}{M_2} \quad (3.16)$$

式(3.16)中,阿西莫格鲁和顾瑞尔(2008)认为资本深化和要素比例差异会引起部门间的非平衡增长,而资本深化在一定程度上能够增加资本密集型产业部门的产出。

在阿西莫格鲁和顾瑞尔(2008)提出的两部门模型基础上,国内学者徐朝阳(2010)将两部门模型进一步拓展,建立了三部门模型(农业、工业和服务业),此外,还采用双层 CES 生产函数而非标准 CES 生产函数来代表最终产品生产函数。

最终产品生产函数形式如下所示:

$$Y(t) = [\varphi Y_1(t)^{\frac{\eta-1}{\eta}} + (1-\varphi)(\gamma Y_2(t)^{\frac{\varepsilon-1}{\varepsilon}} + (1-\gamma) Y_3(t)^{\frac{\varepsilon-1}{\varepsilon}})^{\frac{\varepsilon(\eta-1)}{(\varepsilon-1)\eta}}]^{\frac{\eta}{\eta-1}}$$

$$(3.17)$$

其中，$Y_i(t)$ 表示部门 i 的产出，式 (3.17) 中共包含三个部门。农业生产部门的生产函数可表示为：

$$Y_1(t) = A_1(t) T_1^{1-\alpha_1} L_1(t)^{\alpha_1} \tag{3.18}$$

工业和服务业两部门使用资本和劳动生产产品，其生产函数可表示为：

$$Y_j(t) = A_j(t) K_j^{1-\alpha_j} L_j(t)^{\alpha_j} (j = 2,3) \tag{3.19}$$

式 (3.19) 中，$A_i(t)$ 为部门 i 的全要素生产率，α_i 代表部门 i 的劳动收入比重。

假设 $\alpha_1 < \alpha_2 < \alpha_3$，部门 1 代表土地密集型生产部门，使用劳动力和土地生产产品，部门 2 代表资本密集型部门，部门 3 代表劳动密集型部门。为进一步讨论产业结构变迁，假设 $\alpha_2 g_3 < \alpha_3 g_2$，$\varepsilon > 1$，以及 $\alpha_2 g_1 < g + \alpha_2 (1 - \alpha_1) n$，$\eta > 1$，将部门 1 土地密集型生产部门的劳动力比重记为 $l_1(t)$，部门 2 资本密集型部门劳动力在部门 2 和部门 3 劳动力中所占比重记为 $l_m(t)$，推导公式为：

$$X_1(t) = g_2 - g_3 + (\alpha_3 - \alpha_2)(\dot{K}(t)/K(t) - n)$$

$$X_2(t) = g_1 - g_2 + (\alpha_1 - \alpha_2) n - (1 - \alpha_2) \dot{K}(t)/K(t)$$

$$B_1(t) = \frac{(\varepsilon - 1)(1 - l_m(t))}{1 + (\varepsilon - 1)(\alpha_3 - \alpha_2)(k(t) - l_m(t))}$$

$$B_2(t) = B_1(t)(\alpha_3 - \alpha_2)$$

$$B_3(t) = \frac{(\eta - 1) l_1(t)}{\eta - (\eta - 1)[\alpha_1 (1 - l_1(t)) + \alpha_2 l_1(t)]}$$

$$B_4(t) = B_3(t) \left\{ \frac{(\eta - 1)\alpha_2 + (\varepsilon - 1)(\alpha_3 - \alpha_2) l_m(t)}{(\eta - 1)(\varepsilon - 1)[\alpha_3 l_m(t) + \alpha_2 (1 - l_m(t))]} \right.$$

$$\left. + \frac{(1 - \alpha_2)(k(t) - l_m(t))}{1 - l_m(t)} \right\}$$

即式 (3.20) 和式 (3.21)：

$$\frac{\dot{l}_1(t)}{1-l_1(t)} = \frac{B_3(t)X_2(t) - B_1(t)B_4(t)X_1(t)}{1 + B_2(t)B_4(t)} \quad (3.20)$$

$$\frac{\dot{l}_m(t)}{l_m(t)} = \frac{B_1(t)X_1(t) + B_2(t)B_3(t)X_2(t)}{1 + B_2(t)B_4(t)} \quad (3.21)$$

在上述假设下，部门1土地密集型生产部门劳动比重将逐渐降低，最终趋于0，若$(\varepsilon - 1)(\alpha_3 - \alpha_2) < 1$，则部门2资本密集型部门劳动力趋于1。若假设$\alpha_1 < \alpha_2 < \alpha_3$，$\alpha_2 g_3 < \alpha_3 g_2$，$\varepsilon > 1$，以及$\alpha_2 g_3 < g + \alpha_2(1-\alpha_1)n$，$\eta > 1$均成立，则存在唯一的$l_1^*$。当$l_1(t) > l_1^*$时，$l_3(t)$增量大于零，当$l_1(t) < l_1^*$时，$l_3(t)$增量小于零。即部门3劳动密集型部门的倒U形产业结构变迁条件取决于部门1（土地密集型生产部门）的比重。

此外，陈体标（2007）基于生产技术角度建立多部门产业结构变迁模型，部门是由多个中间产品部门和最终产品部门组成，各中间产品部门技术增长率存在差异，最终产品部门采用CES生产技术。模型表示如下：

$$Y_i = A_i K_i^\alpha L_i^{1-\alpha} \quad (3.22)$$

其中，Y_i表示中间产品，A_i表示第i个中间产品部门的技术水平，L_i表示劳动，$\gamma_i = \dot{A}_i/A_i$表示第i个部门技术增长率。最终产品生产部门将中间产品作为投入，通过CES生产技术生产，由此可进一步得出：

$$\gamma_j - \gamma_i = \dot{P}_i/P_i - \dot{P}_j/P_j \quad (3.23)$$

$$(1-\beta)(\gamma_j - \gamma_i) = \dot{m}_i/m_i - \dot{m}_j/m_j \quad (3.24)$$

研究认为，中间产品部门技术增长率存在差异，这在一定程度上决定了中间产品相对价格，部门间劳动力流动主要取决于Y_i的替代弹性和不同中间产品部门的技术增长率，这种差异的存在导致产业结构发生变化。此外，中间产品部门i劳动力份额依赖于本部门产品对于最终产品

的重要程度 β 以及本部门的技术水平 A_i。若中间产品为替代关系，则部门劳动力份额与技术水平呈正比，即技术水平高越高的部门，其劳动力份额越高。若中间产品为互补关系，则部门劳动力份额与技术水平呈反比，即技术水平高越高的部门，其劳动力份额越低。

3.1.3 技术进步、人力资本与产业结构变迁的理论模型

在比较优势理论中，要素禀赋结构与技术结构的合理化配置是产业结构升级以及实现经济稳定增长的基础，为从理论角度阐述技术进步、人力资本对产业结构变迁的作用机理，本书首先以 $C-D$ 生产函数为基础分析技术进步与产业结构关系，表达形式如下：

$$Y = AK^{\alpha}L^{\beta} \quad (3.25)$$

$$Y_i = A_i^* K_i^{\alpha^*} L_i^{\beta^*} \quad (3.26)$$

其中，式（3.25）为地区生产函数，式（3.26）为地区各产业人均生产函数，Y 代表各地区产出，A 代表技术进步，K 代表资本存量，L 代表劳动力投入量，α 为资本存量的产出弹性，β 为劳动力投入量的产出弹性，i 代表各产业，$*$ 为对应各产业函数参数。

对应式（3.25）、式（3.26），人均生产函数和产业人均生产函数可构建为式（3.27）、式（3.28），形式如下：

$$\frac{Y}{L} = A\left[\frac{K}{L}\right]^{\alpha} \quad (3.27)$$

$$\frac{Y_i}{L_i} = A_i^*\left[\frac{K_i}{L_i}\right]^{\alpha^*} \quad (3.28)$$

参考技术选择指数，用以反映产业发展偏离自身比较优势的程度，技术选择指数定义为产业资本劳动比率与地区资本劳动比率的比值，具体公式形式：

$$TCI_i = \frac{K_i/L_i}{K/L} = \left(\frac{Y_i}{L_i}\right)^{1/\alpha^*} \left(\frac{Y}{L}\right)^{-1/\alpha} \frac{A^{1/\alpha}}{(A_i^*)^{1/\alpha^*}} \quad (3.29)$$

根据式（3.28）、式（3.29）可得出：

$$\frac{Y_i}{L_i} = (TCL_i)^{\alpha^*} (\overline{Y})^{\alpha^*/\alpha} \frac{A_i^*}{(A)^{\alpha^*/\alpha}} \text{ 或 } \overline{Y}_i = (TCL_i)^{\alpha^*} (\overline{Y})^{\alpha^*/\alpha} \frac{A_i^*}{(A)^{\alpha^*/\alpha}}$$
$$(3.30)$$

式（3.30）中，产业劳动生产率（$\overline{Y}_i$）受来自技术选择（A_i^*）和整体劳动生产率或人均产出（$\overline{Y}$）的影响，当 $\alpha^* > 0$ 时，技术选择对产业劳动生产率（$\overline{Y}_i$）起到正向促进作用，即产业技术选择系数越大，产业资本劳动比率（K_i/L_i）越高，产业劳动生产率（$\overline{Y}_i$）会得到进一步提升，从而加快产业结构升级速度。这意味着产业自身要素禀赋结构，以及产业劳动生产率的变化在一定程度上能够表征产业结构高级化的发展，这也为用产业劳动生产率来衡量产业结构的高级化程度提供理论支持。

为剖析其中内在关系，借鉴干春晖所运用的 Shift-Share 模型，将产业结构变迁从产业劳动生产率的增长中分解出来，具体形式见式（3.30）：

$$g = \frac{\overline{Y}_t - \overline{Y}_{t-1}}{\overline{Y}_{t-1}} = \frac{1}{\overline{Y}_{t-1}} \sum_{i=1}^{n} (\overline{Y}_{it-1}\Delta s_{it} + \Delta \overline{Y}_{it}\Delta s_{it} + \Delta \overline{Y}_{it} s_{it-1}) \quad (3.31)$$

其中，g 表示总体产业结构劳动生产率水平，用以反映总体产业结构高级化水平；s_i 表示第 i 产业就业人数所占全部就业人数的比重，$\Delta s_{it} = s_{it} - s_{it-1}$，$\Delta \overline{Y}_{it} = \overline{Y}_{it} - \overline{Y}_{it-1}$。

式（3.31）中将总体产业结构劳动生产率分解为静态效应和动态效应。具体来说，$\overline{Y}_{it-1}\Delta s_{it}/\overline{Y}_{t-1}$ 为静态效应，表示要素生产率保持不变的条件下，产业间劳动力由低生产率部门向高生产率部门转移所带来的增长效应，这是由于产业结构变动（差异）所产生的。$\Delta \overline{Y}_{it}\Delta s_{it}/\overline{Y}_{t-1}$ 为动态效应，表示产业间劳动力由生产率增长较慢部门转向生产率增长较快部门所产生的增长效应，这种效应不仅与产业间要素变化有关，还与产业部门生产率变化有关。$\Delta \bar{Y}_{it} s_{it-1} / \bar{Y}_{it-1}$ 为内部增长效应。产业结构变迁效应为静态效应与动态效应之和。式（3.31）说明总体劳动生产率是由整体技术水平与部门内部技术效率变化引起的，这意味着产业技术选择与技术进步有利于要素高效配置，从而能够有效推动产业结构升级。

关于人力资本对产业结构的作用关系，参考维斯曼（Woessmann，2006）以及周少甫（2013）所推导的二元经济增长模型，其以两部门（传统部门 a 和现代部门 m）经济模型为基础，将人力资本区分为无技能人员 L_0 和有技能人员 L_1，经济增长具体公式（鉴于篇幅原因，推导过程并未列出）见式（3.32）：

$$\frac{\dot{Y}}{Y} = s\frac{\dot{A}_a}{A_a} + (1-s)\frac{\dot{A}_m}{A_m} + (1-\eta)\frac{\dot{K}}{K} + \eta\frac{\dot{L}}{L} + \lambda(q-1)\dot{\delta} + \lambda q\frac{p}{\varphi(1-p)}\dot{\delta}$$
(3.32)

其中，Y 为实际产出，$\dot{Y}$ 表示 Y 关于时间 t 的导数（下同），A 为技术水平，L 为工人数，K 为资本，q 为两部门工资比，η 为支付给劳动的收入份额，$1-\eta$ 为支付给资本的收入份额，s 为传统产业部门产出所占份额，φ 为经济调整速度，p 为工人由传统部门转移到现代部门的概率，$\delta = L_{m1}/L$ 表示现代部门有技能人员的比例。

式（3.32）中，$s\frac{\dot{A}_a}{A_a} + (1-s)\frac{\dot{A}_m}{A_m}$ 表示总技术进步，其值是两部门技术水平按各产业部门比例加权平均，而 $\lambda(q-1)\dot{\delta} + \lambda q\frac{p}{\varphi(1-p)}\dot{\delta}$ 项可以看作是 $\dot{\delta}$ 的函数，$\lambda > 0$，$\varphi > 0$，$q > 1$，$0 < p < 1$，$\dot{\delta}$ 是 $\delta = L_{m1}/L$ 的导数，这意味着通过提高人力资本水平，增加有技能人员比重，要素资源会在劳动密集型产业、技术密集型产业以及知识密集型产业间进行流动配置，在技术不断进步条件下，现代产业部门需求更多的有技能员工，使

现代产业部门增长速度要快于传统产业部门，推动产业结构向高层次发展，进而促进经济持续增长。

唐辉亮（2014）根据 DTC 模型推导出人力资本结构、技术配置与产业结构升级的理论模型，公式形式如下：

$$A_h/A_l = (H \times q_h/L \times q_l)^{\alpha(\varepsilon-1)}, Y_h/Y_l = (H \times q_h/L \times q_l)^{\alpha\varepsilon} \quad (3.33)$$

其中，H、L 分别为熟练劳动力和非熟练劳动力的人数，Y_h、Y_l 表示技术密集型和劳动密集型产业产出水平，A_h、A_l 表示中间产品种类数，q_h、q_l 表示对应劳动力的机器质量水平，ε 为两要素的替代弹性。

式（3.33）说明劳动密集型产业向技术密集型产业方向转换（或两产业中间产品数）与劳动力供给结构（熟练和非熟练）、机器质量水平结构以及要素替代弹性 ε 相关，由于 $\varepsilon > 1$，当 H/L 和 q_h/q_l 越大，即熟练劳动力相对比例越高，与之相匹配的机器质量层次越高，产业结构越向技术密集型产业升级，而与劳动力相匹配的机器质量水平在一定程度上是技术进步的外在表征，这充分说明人力资本、技术进步是产业结构高级化发展的重要影响因素。

3.2 产业结构高级化内涵及测度

3.2.1 产业结构高级化内涵

产业结构高级化涉及其量和质两方面内涵，一是产业间比例关系的转化，二是产业内部劳动生产率的提高，前者衡量产业结构高级化的量，后者衡量产业结构高级化的质。从长期来看，在产业间比例规律性变化的同时，产业间劳动生产率发生着明显的变动。产业结构高级化本质上是劳动生产率的衡量。

一个国家或地区的产业结构高级化程度越高,说明这个国家或地区中劳动生产率较高的产业所占的份额相对较大。此外,产业劳动生产率增长可进一步分解为资本积累增长、技术进步增长和技术效率增长等方面(Kumar,Russell;2002)。这说明产业劳动生产率的增长在一定程度上可以体现出资本积累和技术进步等方面。

3.2.2 产业结构高级化的测度方法

关于产业结构高级化的测度,宋锦剑(2000)归纳了度量产业结构高级化的指标群,潘文卿等(1994)测定了产业结构高级化和合理化水平。黄溶冰(2005)通过信息熵构建产业结构测算模型和指标体系,来进一步说明我国产业结构高级化发展水平。刘伟(2008)等运用指数法测度产业结构高级化水平,并在不同国家间、地区间以及时期间进行了动态比较。干春晖(2011)采用泰尔指数测度中国各地区产业结构合理化程度。何天祥(2012)构建产业结构高级化指标体系,并基于信息熵方法测度中国城市产业结构高级化水平。

总体来说,产业结构高级化的测度方法主要包括:(1)静态直观比较方法。通过对一国或地区经济的产业比例关系与发达国家或地区产业结构产业比例关系(标准结构)进行比较,来进一步判断所考察国家或地区的产业结构高级化水平。(2)动态比较判别方法。该方法与静态直观比较方法相似,即在构建某些特定量化指标基础上,计算所考察地区产业结构高级化程度,并将其与所选择参照系进行比较和判别。与静态直观比较方法不同,动态比较判别方法能够动态衡量两个地区产业结构高度的相似性或离差,这一衡量方法包括结构相似性系数、结构变化值等。(3)指标法。指标法通过建立一种或多种指标衡量产业结构高度,静态直观比较方法和动态比较判别方法适用于定性和离散情况下的判断,而指标法可被用于横截面数据和时间序列数据的定量连续分析。这类方法适用性较强,可作为实证研究的基础数据。故本书采用指标法衡量产业结构高级化程度。

3.3 中国产业结构高级化的特征分析

产业结构高级化(IS)的测度方法主要有静态比较法、动态比较判别法以及指标法,基于以上分析,为更好体现出产业结构高级化发展本质,本书采用指标法构建指标形式,如式(3.34)所示:

$$IS_{it} = \sum_{n=1}^{N} r_{\text{int}} L_{\text{int}} \qquad (3.34)$$

其中,i 代表地区,n 代表产业,t 代表时间,r_{int} 为 t 年份 i 地区第 n 产业增加值所占总体产业的比重,L_{int} 为 t 年份 i 地区第 n 产业的劳动生产率,产业总数目 N 可依据研究问题进行细分。若一省份或区域经济体系中劳动生产率高的产业部门所占比例越高,则该省份或区域产业结构高级化指数 IS_{it} 也就越大。与刘伟的处理方法一致[①],本书将 L_{int} 进行量纲化处理以便于比较。该指数是产业比例与产业劳动生产率的综合效用结果,难以反映两者的相对贡献程度。为此,进一步将 IS_{it} 进行分解,使其能够表征产业间比例关系和劳动生产率的变化,分解形式见式(3.35):

$$\Delta IS_t = IS_t - IS_{t-1} = \sum \Delta L_n \bar{r}_n + \sum \Delta r_n \bar{L}_n \qquad (3.35)$$

其中,$\Delta L_n = L_{nt} - L_{nt-1}$,$\Delta r_n = r_{nt} - r_{nt-1}$,$\bar{r}_n = (r_{nt} + r_{nt-1})/2$,$\bar{L}_n = (L_{nt} +$

---

① 该处理方法是一种比较通用的形式,量纲化公式为 $L_{nt} = (L_{nt} - L_{ntb})/(L_{nif} - L_{nib})$,$L_{ntb}$、$L_{ntf}$ 分别为工业化开始和结束时产业 n 的劳动生产率,具体参照 Chenery(1986)标准,本书以 2005 年的换算数值为标准。

$L_{nt-1})/2$。

式（3.35）中第一项是当产业比例不变时，生产率变化对产业结构高级化指数变动产生的效应，即技术效应，第二项是当产业生产率不变时，产业间的比例变化对产业结构高级化指数变动产生的效应，即为结构效应。

运用产业结构高级化指数构造的方法，分别测算1998~2015年中国以及东部、中部和西部地区产业结构高级化指数及其分解效应，如图3-1和图3-2所示。

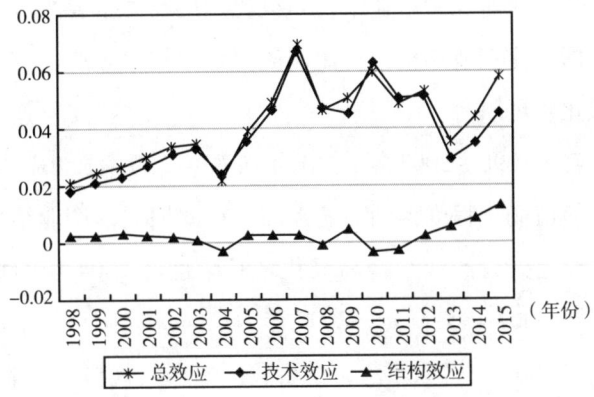

图3-1　1998~2015年中国产业结构高级化指数效应分解

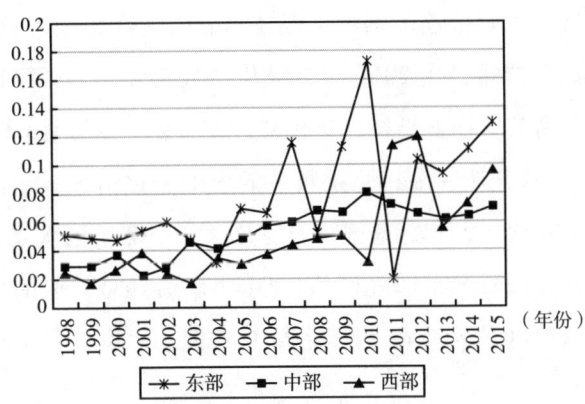

图3-2　1998~2015年区域产业结构高级化指数总效应

图 3-1 表示全国产业结构高级化指数分解效应，图 3-2 表示区域产业结构高级化指数的分布趋势状况。在图 3-1 中，中国产业结构高级化指数的总效应从 1998~2015 年期间均为正值，说明中国产业结构高级化指数呈逐年上升趋势，在 2004 年增幅最小，而在 2007 年增幅达到最大值。1998~2015 年，技术效应大于零，结构效应在 2004 年、2008 年、2010 年和 2011 年小于零，技术效应要明显大于结构效应，而技术效应变动趋势与产业结构高级化指数总效应变动趋势保持着高度一致性，这说明整体上，产业结构高级化指数的技术效应增长是总效应变动主要原因，这意味着我国产业结构高级化发展动力主要来源于产业生产率的提升，即相比产业结构本身比例的变化，技术效应能够有效推动产业结构高级化发展。

具体而言，1998~2003 年，"国企改革""抓大放小"等一系列政策的实施，使市场化程度得到明显提高，在此期间，产业结构高级化指数总效应持续上升，产业结构高级化增长幅度经 2004 年的短暂调整之后快速增长至 2007 年最高点，2008 年由于全球经济形势下滑，高级化指数总效应在 2008 年迅速回落，之后我国出台大规模投资刺激政策后，其值在 2010 年出现反弹后呈明显下降趋势，尽管 2010 年以后，产业结构高级化指数结构效应逐渐增加，但技术效应下降明显，潮涌现象①导致产能过剩愈发严重，使 2013 年高级化指数总效应大幅下滑，这种变动趋势也意味着我国产业结构进行转型升级的必要性与紧迫性。

图 3-2 表示分地区高级化指数总效应的变化情况，从数值大小来看，在大部分年份中，东部地区总效应最大，中部地区次之，西部地区最小，从波动方面看，东部地区从 2004 年以后其总效应的变动幅度较为剧烈，中部地区总效应在 1998~2010 年期间，呈逐年上升态势，在

---

① 在发展中国家的产业升级中，企业所投资的是技术成熟、产品市场存在、处于世界产业链内部的产业，各企业对有前景的新产业的判断会高度一致，导致对该产业的集中投资，产生"潮涌现象"。

2010年呈下降趋势，总体变动幅度不大。西部地区在1998~2009年稳中有升，但在2010年以后变动幅度较大，这说明我国区域间产业结构高级化发展特征存在显著差异。

此外，本书还以制造业为例，分析其高级化发展的特征，制造业升级表现为从劳动密集型向技术密集型发展，从初加工向深加工、精加工方向发展，其内部技术密集度较高的产业比重不断上升（傅元海等，2014）。为体现出制造业内部各细分行业比例变化和劳动生产率高低，与上文保持一致，采用指标法构建制造业升级水平指数 y，形式如式（3.36）所示：

$$y_{it} = \sum_{n=1}^{N} r_{int} L_{int} \quad (3.36)$$

其中，i、n、t 分别表示省份、制造业细分行业和年份，r_{int} 为第 t 年份 i 省份第 n 个制造业细分行业部门产值所占总体制造业产业比重，L_{int} 为第 t 年份 i 省份第 n 个制造业细分行业劳动生产率，N 为制造业细分行业总数目（$N=21$）。若劳动生产率高的制造业细分行业所占比例越大，指数 y_{it} 越大，制造业升级程度也就越高。

本书借鉴王志华（2012）分类方法，将1999~2015年中国制造业21个行业细分为劳动密集型制造业、资本密集型制造业以及技术密集型制造业三大类，劳动密集型制造业包括农副食品加工业、食品制造业、纺织业、纺织服装和鞋帽等制造业、非金属矿物制品业、金属制品业；资本密集型制造业包括酒和饮料制造业、烟草制品业、造纸和纸制品业、石油加工、炼焦和核燃料加工业、化学原料和化学制品制造业、化学纤维制造业、黑色金属冶炼和压延加工业、有色金属冶炼和压延加工业、通用设备制造业；技术密集型制造业包括医药制造业、专用设备制造业、交通运输设备制造业、电气机械和器材制造业、计算机通信和其他电子设备制造业、仪器仪表制造业。

通过计算各细分行业升级指数的年均增长率，结果如表3-1所示。

1999～2005年，排名前五位的细分行业分别为黑色金属冶炼、石油加工及炼焦加工、有色金属冶炼、化学原料及化学制品和通用设备制造业，分别达到30.97%、27.37%、24.18%、23.94%和22.34%。2006～2010年，排名前五位的细分行业分别为非金属矿物制造业、专用设备制造业、通用设备制造业、交通运输设备制造业和纺织业，年均增长率分别为20.97%、17.46%、15.77%、15.44%和15.34%。与1999～2005年相比，除医药制造业、非金属矿物制造业和金属制品业外，其他18个细分行业的年均增长率在2006～2010年均呈下降趋势，下降幅度前五位的行业分别为通信设备计算机、石油加工及炼焦加工、有色金属冶炼、黑色金属冶炼、仪器仪表及文化办公。在2011～2015年，除通信设备计算机行业出现增长外，其他制造业细分行业年均增长率较1999～2005年、2006～2010年均出现大幅下降，黑色金属冶炼行业年均增长率

表3-1　　　　　各细分行业升级指数的年均增长率　　　　　单位:%

细分行业	1999～2005年	2006～2010年	2011～2015年	细分行业	1999～2005年	2006～2010年	2011～2015年
农副食品加工业	16.10	14.86	5.75	黑色金属冶炼	30.97	14.99	-2.34
食品制造业	15.64	15.08	6.70	有色金属冶炼	24.18	11.62	5.81
饮料制造业	14.25	13.60	5.24	金属制品业	14.06	14.19	8.73
烟草制造业	19.54	13.10	7.27	通用设备制造业	22.34	15.77	5.12
纺织业	15.86	15.34	11.52	专用设备制造业	20.44	17.46	6.88
纺织服装鞋帽	—	14.04	8.75	交通运输设备制	20.34	15.44	5.10
造纸及制纸业	19.22	15.32	6.65	电器机械及器材	13.62	12.38	6.95
石油加工及炼焦	27.37	12.61	3.14	通信设备计算机	11.88	2.09	6.53
化学原料及制品	23.94	15.32	7.27	仪器仪表及办公	17.04	9.37	8.13
医药制造业	14.87	15.18	7.63	劳动密集型	13.06	18.71	10.74
化学纤维制造业	19.42	11.16	1.83	资本密集型	26.01	11.79	0.56
非金属矿物制造业	18.80	20.97	7.98	技术密集型	16.21	9.45	7.25

甚至出现负增长，这说明在 2011~2015 年我国制造业升级速度显著下降，制造业升级进入瓶颈期。从三大行业分类来看，劳动密集型制造业年均增长率由 13.06% 先增加至 18.71%，后下降至 10.74%，呈先上升后下降趋势。资本密集型制造业和技术密集型制造业年均增长率呈下降趋势，其中，技术密集型制造业年均增长率由 16.21% 下降至 7.25%，资本密集型制造业年均增长率由 26.01% 下降至 0.56%，其下降幅度最大。

第4章　中国产业结构高级化的空间关联分析

产业结构高级化是产业结构演进、转型升级的成果体现，产业结构高级化发展是产业结构由简单到复杂、低级到高级的演进过程，即一方面由生产初级产品，向以生产中间产品、最终产品为主转换；另一方面由劳动密集型向技术密集型、资本密集型以及知识密集型逐步转化，使劳动生产率水平不断提升（周林，1987），已有文献表明省际产业结构发展过程中确实存在空间相关性。我国产业结构演变在其转化过程中呈高级化发展态势（何平，2014），产业结构转变在促进经济增长的同时，还具有外溢性特征，且产业结构调整的区域互动作用明显，存在显著省际竞争特征。越来越多的学者开始关注和研究产业结构调整过程中的空间关联机制。

本章运用不同方法从不同角度分析我国产业结构高级化的空间关联机制。首先，采用 Dagum 基尼系数及其分解方法从东、中、西部地区以及九大城市群层面分析我国产业结构高级化的总体空间差距、地区内空间差距、地区间差距及其演变趋势，在此基础上，结合核密度估计方法进一步研究东、中、西部地区和九大城市群产业结构高级化的动态演进规律，此外，还以制造业升级为例，通过核密度估计方法考察其不均衡分布特征。其次，运用社会网络分析法对中国产业结构高级化的空间网络结构进行考察，分析产业结构高级化的空间关联和传递机制，充分认识各省份或区域在整体空间网络中的作用。最后，引用 ESDA 方法、LI-SA 马尔科夫链和空间马尔科夫链方法探究中国产业结构高级化的空间集聚模式及其路径演进规律，把握地区发展的内部动态性及长期稳态分布。

4.1 中国产业结构高级化空间差距测度及其分解

4.1.1 研究方法和数据来源

1. Dagum 基尼系数及其子群分解方法

采用 Dagum 基尼系数及其子群分解方法描述中国产业结构高级化的地区差距。Dagum 基尼系数充分考虑了子样本间的差异性，有效地克服了传统基尼系数和泰尔指数的局限性。为有效解决空间差距来源问题，Dagum 提出一种新基尼系数及其子群分解方法，Dagum 基尼系数定义如式（4.1）所示。

$$G = \frac{\sum_{j=1}^{k}\sum_{h=1}^{k}\sum_{i=1}^{n_j}\sum_{r=1}^{n_h} |y_{ji} - y_{hr}|}{2n^2\bar{y}} \quad (4.1)$$

其中，k 表示区域个数，j、h 表示 k 个区域内不同的区域，n 表示各区域内所包含个体的数目，n_j、n_h 分别表示 j、h 区域内所包含个体的数目，y_{ji}、y_{hr} 分别表示 j、h 区域内个体 i、r 的产业结构高级化值，$\bar{y}$ 表示中国产业结构高级化平均值。

根据其子群分解方法，Dagum 基尼系数可分解为地区内差距贡献（G_i）、地区间净值差距贡献（G_{nb}）和超变密度贡献（G_t）三个部分，

且 $G = G_w + G_{nb} + G_t$。另外，在进行地区划分和基尼系数分解时，应先按各区域产业结构高级化均值将 k 个区域排序，如式（4.2）所示。式（4.3）和式（4.4）分别为 j 地区内基尼系数 G_{ji} 和 j 地区间差距贡献 G_w，其中，$p_j = n_j/n$，$s_j = n_j\bar{y}_j/n\bar{y}$。式（4.5）和式（4.6）为 j、h 间的地区间基尼系数 G_{jh} 和地区间净值差距贡献 G_{nb}。式（4.7）为超变密度贡献 G_t，式（4.8）为 j、h 地区间产业结构高级化的相对影响 D_{jh}，其中，式（4.9）、式（4.10）为 d_{jh} 和 p_{jh} 计算公式。$F_i(y)$ 为 j 地区分布函数，d_{jh} 为 j、h 地区间产业结构高级化差值，可表示为 j、h 地区中 $y_{ji} - y_{hr} > 0$ 的样本值数学期望，p_{jh} 为超变一阶矩，可表示为 j、h 地区中 $y_{hr} - y_{ji} > 0$ 的样本值数学期望。

$$\bar{y}_h \leqslant \cdots \leqslant \bar{y}_j \leqslant \cdots \leqslant \bar{y}_k \tag{4.2}$$

$$G_{jj} = \frac{\sum_{i=1}^{n_j} \sum_{r=1}^{n_j} |y_{ji} - y_{jr}|}{2n_j^2 \bar{y}_j} \tag{4.3}$$

$$G_w = \sum_{j=1}^{k} G_{ji} p_j s_j \tag{4.4}$$

$$G_{jh} = \frac{\sum_{i=1}^{n_j} \sum_{r=1}^{n_j} |y_{ji} - y_{hr}|}{n_j n_h (\bar{y}_j + \bar{y}_h)} \tag{4.5}$$

$$G_{nb} = \sum_{j=2}^{k} \sum_{h=1}^{j-1} G_{jh}(p_j s_h + p_h s_j) D_{jh} \tag{4.6}$$

$$G_t = \sum_{j=2}^{k} \sum_{h=1}^{j-1} G_{jh}(p_j s_h + p_h s_j)(1 - D_{jh}) \tag{4.7}$$

$$D_{jh} = \frac{d_{jh} - p_{jh}}{d_{jh} + p_{jh}} \tag{4.8}$$

$$d_{jh} = \int_0^\infty dF_j(y) \int_0^y (y - x) dF_h(x) \tag{4.9}$$

$$p_{jh} = \int_0^\infty dF_h(y) \int_0^y (y - x) dF_j(x) \tag{4.10}$$

2. 数据说明

首先，以中国 31 个省份为研究样本，研究样本的观测时间为 1997～2015 年。各省份生产总值、各产业生产总值、各产业就业人数等数据来源于历年《中国统计年鉴》和中经网，各省份 GDP 均以 2005 年为基期进行 GDP 平减指数调整。此外，本书所选取制造业 21 个细分行业的产值和就业人数均来自历年《中国工业统计年鉴》，其中，1999～2003 年《中国工业统计年鉴》并不包含纺织服装和鞋帽等制造业，故在实际计算 1999～2003 年制造业升级指数时，采用除纺织服装和鞋帽等制造业以外的 20 个细分行业进行相关计算。由于交通运输设备制造业在 2012～2015 年《中国工业统计年鉴》细分为汽车制造业和铁路、船舶、航空航天和其他运输设备制造业，故 2012～2015 年期间的交通运输设备制造业的产值和就业人数为两者相对应数据之和。

其次，本书选取空间尺度较小的地级市及以上地区为研究对象，考虑到国家统计局在 2002 发布《国民经济行业分类与代码》，以及我国 2002 年前后城市行政区划调整较大，为使统计口径保持一致，本文所选取的研究时间段为 2003～2015 年，除行政区划调整（巢湖、毕节、铜仁、三沙）和数据严重缺失的地区外，分别以 2003～2015 年期间 285 个地级及以上地区和九大城市群（包括 152 个地级及以上地区）作为研究样本。其中，九大城市群包括京津冀城市群、辽中南城市群、哈长城市群、长三角城市群、中原城市群、长中游城市群、珠三角城市群、北部湾城市群和成渝城市群。哈长城市群包括哈尔滨、绥化、齐齐哈尔、大庆、牡丹江、吉林、辽源、长春、延边、四平、松原，共 11 个城市。成渝城市群包括重庆、成都、绵阳、自贡、德阳、乐山、遂宁、泸州、内江、南充、眉山、宜宾、广安、达州、雅安、资阳，共 16 个城市。长三角城市群包括上海、苏州、杭州、常州、南京、扬州、无锡、泰州、盐城、镇江、南通、宁波、舟山、绍兴、嘉兴、金华、台州、湖州、合肥、马鞍山、安庆、芜湖、滁州、池州、宣城、铜陵，共26个城市。中原城市群主要包括长治、邢台、聊城、邯郸、菏泽、鹤壁、晋城、新乡、焦作、开封、郑州、商丘、平顶山、洛阳、许昌、淮北、宿州、亳州、周口、蚌埠、南阳、阜阳、信阳、濮阳、安阳、运城、三门峡、漯河、驻马店，共29个城市。北部湾城市群包括南宁、北海、钦州、防城港、玉林、崇左、湛江、茂名、阳江、海口，共10个城市，由于儋州、东方、澄迈、临高、昌江的数据缺失，并未将其列入其中。珠三角城市群主要包括广州、东莞、深圳、珠海、肇庆、中山、江门、惠州、佛山、清远、河源、云浮、汕尾，共13个城市。由于《中国城市统计年鉴》中不包含中国香港和澳门两个特区的相关数据，故并未将其包含在内。京津冀城市群主要包括北京、天津、保定、唐山、秦皇岛、沧州、廊坊、石家庄、承德、张家口，共10个城市，辽中南城市群包括沈阳、大连、鞍山、抚顺、本溪、丹东、辽阳、营口、盘锦，共9个城市。各城市相关产业数据以及各城市相关产业的就业人数等数据来自2003~2015年《中国城市统计年鉴》，此外，各城市GDP均以2005年为基期进行GDP平减指数调整。

4.1.2 基于区域层面产业结构高级化空间差距测度及其分解

本书将我国31个省份按东、中、西部三大经济区域进行划分①，根据Dagum基尼系数及其子群分解方法测度1997~2015年我国区域层面产业结构高级化总体差距及其子群分解差距，测度结果见表4-1。

---

① 东部地区包括北京、天津、河北、辽宁、上海、江苏、浙江、福建、山东、广东、广西和海南。中部地区包括山西、内蒙古、吉林、黑龙江、安徽、江西、河南、湖北和湖南。西部地区包括重庆、四川、贵州、云南、西藏、陕西、甘肃、青海、宁夏和新疆。

表 4-1 中国产业结构高级化空间差距及其分解结果

年份	G	地区内基尼系数			地区间基尼系数差距			地区内差 G_w	地区间差距 G_{nb}	超变密度 G_t	贡献率		
		东部	中部	西部	东—中	东—西	中—西				G_w	G_{nb}	G_t
1997	0.605	0.392	0.293	0.482	0.633	0.889	0.445	0.144	0.378	0.083	0.238	0.624	0.137
1998	0.484	0.379	0.323	0.444	0.578	0.554	0.410	0.139	0.189	0.157	0.286	0.390	0.324
1999	0.462	0.379	0.291	0.407	0.538	0.544	0.370	0.134	0.186	0.142	0.290	0.403	0.307
2000	0.441	0.330	0.273	0.380	0.496	0.529	0.342	0.131	0.162	0.149	0.296	0.367	0.337
2001	0.416	0.330	0.268	0.302	0.488	0.486	0.295	0.125	0.154	0.137	0.300	0.371	0.329
2002	0.406	0.370	0.268	0.278	0.481	0.476	0.284	0.121	0.159	0.126	0.298	0.393	0.310
2003	0.389	0.347	0.286	0.252	0.450	0.470	0.282	0.114	0.153	0.122	0.293	0.394	0.313
2004	0.363	0.320	0.285	0.235	0.419	0.438	0.276	0.105	0.124	0.134	0.290	0.341	0.369
2005	0.349	0.316	0.290	0.167	0.411	0.423	0.258	0.100	0.132	0.117	0.286	0.379	0.335
2006	0.338	0.292	0.299	0.173	0.392	0.412	0.266	0.095	0.121	0.122	0.281	0.358	0.360
2007	0.339	0.304	0.294	0.159	0.391	0.415	0.259	0.097	0.120	0.123	0.285	0.353	0.362
2008	0.319	0.278	0.293	0.158	0.365	0.390	0.259	0.090	0.107	0.122	0.283	0.335	0.382
2009	0.315	0.278	0.291	0.152	0.361	0.386	0.250	0.090	0.108	0.118	0.284	0.341	0.374
2010	0.332	0.289	0.277	0.183	0.369	0.422	0.261	0.094	0.126	0.112	0.282	0.380	0.338
2011	0.288	0.268	0.270	0.118	0.335	0.345	0.225	0.083	0.096	0.109	0.287	0.334	0.378
2012	0.282	0.262	0.260	0.174	0.327	0.324	0.231	0.084	0.079	0.119	0.299	0.281	0.421
2013	0.277	0.261	0.254	0.159	0.324	0.319	0.222	0.082	0.076	0.118	0.297	0.276	0.427
2014	0.271	0.263	0.217	0.156	0.319	0.321	0.198	0.080	0.081	0.109	0.296	0.299	0.404
2015	0.272	0.263	0.218	0.157	0.320	0.321	0.198	0.082	0.081	0.109	0.301	0.298	0.401

1. 中国产业结构高级化的总体空间差距及其演变趋势

由表 4-1 易知，中国产业结构高级化空间分布的总体地区差距在 1997~2015 年考察期内呈现缩小发展趋势。若分别以 1997 年、2006 年为基期，2015 年中国产业结构高级化的空间分布差距年均分别下降 4.62% 和 2.73%，除在个别年出现小幅波动外，其在绝大部分样本考察期内表现出稳定下降趋势，这说明中国产业结构高级化的空间差距随着时间推移不断缩小。根据具体数值变化特点，可将样本考察期分为两阶段：第一阶段为 1997~2005 年，在此期间整体空间差距逐年呈下降趋势，即由 1997 年的最大值 0.605 降低至 2005 年的 0.349，年均下降幅度达到 6.64%。第二阶段为 2006~2015 年，在此期间除 2007 年、2010 年的空间差距出现小幅度升高外，其余年份空间差距均呈下降趋势，且由 2006 年的 0.338 降低至 2014 年的 0.271。相比第一阶段，第二阶段我国产业结构高级化空间差距的下降幅度有所回落，并出现一定的波动现象，但其整体维持下降趋势。

2. 中国产业结构高级化的地区内空间差距及其演变趋势

从各地区在样本考察期内的演变趋势来看，我国东部和西部地区内产业结构高级化差距均呈现出明显下降趋势，而中部地区空间差距呈现出倒 N 形的演变趋势。若以 1997 年为基期，2015 年，我国东部、中部和西部地区内的产业结构高级化空间差距年均降低幅度分别达到 2.32%、1.75% 和 6.41%，西部最大，东部次之，中部最小。其中，对于东部地区，其内部基尼系数最大值为 1997 年的 0.392，最小值为 2013 年的 0.261，除个别年份外，在样本考察期内其内部空间差距维持下降态势；对于中部地区，其空间差距的波动幅度较大，呈现出先下降后上升再下降的趋势，1998 年达到最大值 0.323，特别是在 2006 年以后，其值由 2006 年的 0.299 下降到 2014 年的最小值 0.217，下降态势明显，并无反复波动趋势，这可能与2005年以后中部崛起等一系列战略举措的实施有关。对于西部地区，其内部空间差距最大值为1997年的0.482，最小值为2011年的0.118。除2006年、2010年和2012年外，西部地区的空间差距整体呈现出下降态势，年均下降幅度明显高于东、中部地区。从横向比较结果来看，三大地区内产业结构高级化空间差距变化趋势可分为4个阶段：1997~2000年，西部地区内的空间差距要明显大于东中部地区；2001~2005年，东部地区内的空间差距最大，中部次之，西部最小；2006~2009年，中部地区内的空间差距最大，西部最小；2010~2015年，东部地区内空间差距最大，西部最小，这与2001~2005年阶段相类似。2010年以后，东、中部地区内产业结构高级化空间差距相差不大，但均超过0.2，明显高于西部地区的空间差距，这说明东、中部地区内部的产业结构高级化发展不平衡程度要高于西部地区。

3. 中国产业结构高级化的地区间差距及其演变趋势

在样本考察期内我国产业结构高级化地区间差距总体上呈下降趋势，说明随着时间推移，产业结构高级化水平在东—中、东—西以及中—西地区间的差距逐渐缩小。在1997~2015年内，东—中、东—西以及中—西地区间差距分别由0.633下降至0.320、0.889下降至0.321以及0.445下降至0.198，地区间差距的均值分别为0.426、0.452和0.285，中—西地区间差距均值最小，其年均下降幅度分别达到3.95%、5.82%和4.65%，东—西部差距下降幅度最大，中—西部次之，东—中部最小。

4. 中国产业结构高级化的空间差距来源及贡献率

中国产业结构高级化空间差距的主导因素具有阶段性变化特征，其空间差距来源分布特征主要分为两类：第一类为1997~2003年、2005年以及2010年，在此期间地区间差距贡献率分别大于地区内差距和超变密度的贡献率,即地区间差距是导致产生中国产业结构高级化空间差距的主要因素,超变密度为次要因素;第二类为2004年、2006~2009年以及2011~2015年,在此期间,超变密度贡献率最大,即超变密度成为其空间差距的主要因素。在样本考察期内,地区内差距的贡献率变化较为平稳,变化范围维持在23.8%~30%以内,大体呈先上升后下降再上升的趋势,在2001年达到考察期内的最大值30%。而超变密度和地区间差距的贡献率变化幅度较大,地区间差距贡献率下降趋势显著,由1997年的0.624降低至2015年的0.298,年均下降幅达到4.23%,超变密度贡献率呈明显上升态势,由1997年的0.137上升至2015年的0.401,年均增长幅度达到6.56%。

4.1.3 基于城市群层面产业结构高级化空间差距测度及其分解

为进一步考察九大城市群内部及各城市群间产业结构高级化的变化程度,本书将根据Dagum基尼系数及其子群分解方法测度2003~2015年中国九大城市群产业结构高级化的总体差距及其子群分解差距,测度结果见表4-2。

表4-2 2003~2015年中国九大城市群产业结构高级化的空间差距

年份	总体	京津冀	辽中南	哈长	长三角	中原	长中游	珠三角	北部湾	成渝
2003	0.334	0.187	0.173	0.285	0.260	0.191	0.211	0.389	0.245	0.185
2004	0.317	0.187	0.184	0.257	0.242	0.200	0.211	0.372	0.207	0.186
2005	0.320	0.168	0.183	0.187	0.196	0.193	0.213	0.457	0.167	0.201
2006	0.312	0.149	0.182	0.169	0.193	0.188	0.203	0.457	0.174	0.192
2007	0.300	0.137	0.181	0.158	0.187	0.173	0.216	0.451	0.139	0.180
2008	0.287	0.127	0.182	0.165	0.185	0.164	0.198	0.460	0.133	0.176
2009	0.279	0.138	0.177	0.167	0.195	0.166	0.200	0.442	0.108	0.157

续表

年份	总体	京津冀	辽中南	哈长	长三角	中原	长中游	珠三角	北部湾	成渝
2010	0.274	0.154	0.169	0.194	0.189	0.169	0.208	0.429	0.116	0.147
2011	0.265	0.154	0.148	0.191	0.213	0.165	0.200	0.410	0.112	0.144
2012	0.269	0.162	0.142	0.194	0.225	0.162	0.200	0.400	0.093	0.180
2013	0.269	0.177	0.143	0.180	0.230	0.157	0.198	0.391	0.100	0.180
2014	0.230	0.175	0.142	0.155	0.188	0.156	0.205	0.225	0.133	0.174
2015	0.233	0.174	0.142	0.134	0.185	0.168	0.210	0.227	0.085	0.155

1. 中国九大城市群产业结构高级化的总体空间差距及其演变趋势

由表4-2可知,2003~2015年,中国九大城市群产业结构高级化的总体空间基尼系数大体呈现出缩小趋势,这与地区产业结构高级化的总体差距演变趋势相类似。除在个别年出现小幅波动外(2005年、2012年和2015年出现小幅度上升),九大城市群产业结构高级化的总体空间基尼系数在绝大部分样本考察期内(2003~2015年)表现出稳定下降趋势,这说明随着时间不断推移,九大城市群产业结构高级化的空间差距整体上呈现出缩减趋势。九大城市群产业结构高级化的总体差距由2003年的0.334下降至2015年的0.233,其最大值出现在2003年的0.334,最小值出现在2014年的0.230,均值为0.284。若以2003年为基期,截至2015年,九大城市群产业结构高级化的总体差距年均下降幅度达到2.952%。

2. 中国九大城市群产业结构高级化的群内差距及其演变趋势

表4-2中,在样本考察期内,从九大城市群的群内差距演变趋势来看,九大城市群内产业结构高级化基尼系数呈现出下降趋势,但不同城市群间表现出不同的演变趋势。若以2003年为基期,截至2015年,京津冀城市群、辽中南城市群、哈长城市群、长江三角洲城市群、中原

城市群、长江中游城市群、珠江三角洲城市群、北部湾城市群和成渝城市群空间基尼系数的年均下降幅度分别为0.55%、1.622%、6.09%、2.804%、1.062%、0.017%、4.384%、8.45%和1.463%，其中，北部湾城市群的下降幅度最大，哈长城市群、珠三角城市群分列第二、第三位。从群内空间基尼系数的平均值来看，从大到小依次为珠江三角洲城市群、长江三角洲城市群、长江中游城市群、哈长城市群、成渝城市群、中原城市群、辽中南城市群、京津冀城市群和北部湾城市群，分别对应0.393、0.207、0.206、0.187、0.174、0.173、0.164、0.161和0.139，这说明珠江三角、长三角和长江中游城市群群内的产业结构高级化水平存在较大的差距。

表4-2表明，京津冀城市群群内的空间基尼系数由2003年的最大值0.187下降至2008年的0.127，达到最小值，再增加至2013年的0.177，随后在2015年下降至0.174，呈现出倒N形的演变趋势。辽中南城市群群内的空间基尼系数由2003年的0.173经过在2004年的反弹上升至0.184，达到最大值，从2005年开始一直下降到2015年的0.142，呈现出倒U形的演变趋势。哈长城市群群内的空间基尼系数由2003年的0.285逐年下降至2007年的0.158，后上升至2012年0.194，而又逐渐降低到2015年的0.134，呈现出倒N形的演变趋势。长三角城市群由2003年的0.260逐年下降至2010年的0.189，后由上升至2013年的0.230，在下降至20125的0.185，呈现出倒N形的演变趋势。与此相类似，中原城市群和北部湾城市群群内空间基尼系数也呈现出先下降后上升，再下降的趋势，长中游城市群群内空间基尼系数的年均下降幅度为0.017%，在样本考察时期内，最大值出现在2015年的0.216，最小值出现在2013年的0.198，群内空间差距呈稳定趋势。珠三角城市群群内空间基尼系数由2003年的0.389经过先上升后下降在上升，并在2008年达到最大值0.460，后下降至2015年的0.227。成渝城市群群内空间基尼系数由2003年的0.185先上升至2005年的最大值0.201，后在

2011年下降至最小值0.144，而后在2012年出现反弹上升至0.180，随后下降至2015年的0.155。以上分析表明，在样本期间内，我国九大城市群产业结构高级化的群内差距表现出明显差异。

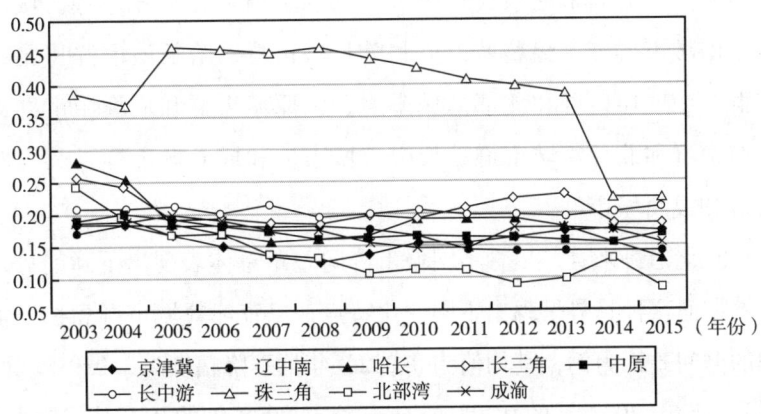

图4-1 2003~2015年九大城市群产业结构高级化的群内差距趋势

3. 中国九大城市群产业结构高级化的群间差距及其演变趋势

表4-2和图4-1显示了中国九大城市群产业结构高级化的群内差距及其变化趋势，为进一步测度城市群间的差距及其演变趋势，采用Dagum基尼系数子群分解方法测算各个城市群之间的空间差距，限于篇幅原因，测算结果如附录所示，从结果中可以发现，在样本考察期内，以2003年为基期，截至2015年，36对城市群间空间基尼系数的年均增长率均小于零，说明从整体来说，中国九大城市群产业结构高级化的群间差距呈下降趋势，这进一步说明随着时间推移，产业结构高级化水平在36对城市群间的差距逐渐缩小。2003~2015年，哈长城市群与珠三角城市群群间基尼系数的年均降幅最大，其值由2003年的0.441下降到2015年的0.201，年均下降幅度达到6.2%，而京津冀城市群与成渝城市群群间基尼系数的年均降幅最小，年均下降幅度为0.194%。从群间基尼系数的均值角度来看，群间基尼系数大于

0.4的城市群包括长三角城市群与中原城市群、珠三角城市群与中原城市群、长中游城市群与珠三角城市群、珠三角城市群与北部湾城市群以及珠三角城市群与成渝城市群，说明这些城市群间产业结构高级化差距较大，群间基尼系数介于0.2~0.4的城市群包括京津冀城市群和辽中南城市群、京津冀城市群和哈长城市群、哈长城市群和北部湾城市群、中原城市群和北部湾城市群、中原城市群和成渝城市群、长中游城市群和北部湾城市群、长中游城市群和成渝城市群以及北部湾城市群和成渝城市群。

从变化趋势来看，尽管不同城市群间差距总体表现出下降趋势，但在样本期间这种趋势呈现出不同变化特点，以京津冀城市群和长三角城市群的群间差距为例，其均值为0.232，年均下降幅度为3.039%，两城市群间差距由2003年的0.300逐年下降至2008年的0.191，达到最小值，再由2009年逐年上升至2013年的0.261，后在2014年和2015年下降至0.207，其变化呈现出倒N形的演变趋势。

4. 中国九大城市群产业结构高级化的空间差距来源及贡献率

表4-3　2003~2015年九大城市群产业结构高级化的空间差距来源及贡献率

年份	差距来源			贡献率（%）		
	超变密度	群间差距	群内差距	超变密度	群间差距	群内差距
2003	0.092	0.211	0.032	27.42	63.08	9.49
2004	0.089	0.198	0.031	27.97	62.41	9.62
2005	0.09	0.201	0.029	28.12	62.71	9.16
2006	0.086	0.198	0.029	27.45	63.39	9.16
2007	0.087	0.185	0.028	29.12	61.68	9.21
2008	0.084	0.176	0.027	29.39	61.31	9.30
2009	0.081	0.171	0.027	29.04	61.38	9.58
2010	0.079	0.168	0.026	28.91	61.44	9.65

续表

年份	差距来源			贡献率（%）		
	超变密度	群间差距	群内差距	超变密度	群间差距	群内差距
2011	0.084	0.154	0.027	31.78	58.14	10.08
2012	0.085	0.157	0.027	31.44	58.40	10.16
2013	0.086	0.156	0.027	31.96	57.86	10.19
2014	0.067	0.142	0.024	28.92	60.95	10.13
2015	0.062	0.144	0.023	27.07	62.77	10.16

从表4-3可知，在样本考察期内，中国九大城市群产业结构高级化的空间差距的主要来源因素为群间差距，其次分别为超变密度和群内差距，这一结论与区域间差距的主要来源因素有所不同。从贡献率角度来看，群间差距贡献率由2003的63.08%下降至2013年的57.86%，后经2014年和2015年反弹至62.77%，虽然中间个别年份出现波动，但大体上呈先下降后上升的趋势。群内差距贡献率具有阶段性变化特征，其值由2003年的9.49%，经过2004年的小幅上升后下降至2006年的9.16%，从2007年后稳步上升至2015年的10.16%，并趋于稳定。超变密度贡献率整体上由2003年的27.42%上升值2013年的31.96%，后下降至2015年的27.07%。因此，从演变趋势来看，群内差距的贡献率呈增加趋势，其值在样本考察期内稳定在9.16%~10.16%，群间差距贡献率稳中有降，其值在样本考察期内稳定在57.86%~63.39%，超变密度贡献率整体上呈降低趋势，其值在样本考察期内稳定在27.07%~31.96%。

4.2 基于核密度估计中国产业结构高级化分布动态演进分析

Dagum空间基尼系数等大部分指标一般通过数值计算结果来说明所

研究对象的变化趋势，但其无法描述其分布情况。尽管大部分指标能够得出相类似的变化趋势，但相类似的变化趋势可能对应着不同的分布形态和形式，不同的分布形态和形式所代表的经济含义和政策启示也会有所差别。而非参数核密度估计能够较清楚地描述所研究对象的分布情况。

非参数核密度估计能够较好地描述和刻画研究对象的不均衡分布特征，非参数核密度估计的优点在于无须事先设定函数分布形式，从而避免了主观先验产生的偏差。该方法还可以通过核密度图形波峰数量和形状的变化趋势，大致判断所研究对象的动态分布和收敛现象。

4.2.1 研究方法

核密度估计是一种非参数估计法，该方法基于核函数对随机变量概率密度进行光滑估计，得到描述随机变量分布形态的密度曲线。假设要估计连续型随机变量 x 在 x_0 处的概率密度为 $f(x_0)$，则核密度估计量可由式（4.11）给出。

$$\hat{f}(x_0) = \frac{1}{nh}\sum_{i=1}^{n} K[(x - x_0)/h] \tag{4.11}$$

其中，带宽 h 为光滑参数，带宽 h 越大，估计的密度函数 $\hat{f}(x)$ 越光滑；函数 $K(\cdot)$ 为核函数。本书选择高斯核函数对我国产业结构高级化的分布形态进行估计。

如果所研究对象核密度图形在区域间呈现出"多峰"和"双峰"分布，则可说明研究对象在区域间存在极化现象和俱乐部收敛[①]现象，如果所研究对象核密度图形在区域间呈"单峰"分布，图形波峰越高，波

[①] 俱乐部收敛代表一种多重均衡状态，当经济单位的初始条件和结构特征相似的条件下会表现出明显收敛态势，而初始条件或结构特征相差较大时则会趋向于不同均衡点。

长越短,说明所研究对象存在明显的绝对收敛现象,如果波峰形状随着时间推移并未发生明显变化,说明所研究对象存在相对收敛现象。

4.2.2 全国产业结构高级化的分布动态演进:基于核密度估计

本部分运用核密度估计方法考察样本期内全国产业结构高级化的分布动态演进,并比较不同时期产业结构高级化发展的动态分布特征。核密度估计结果如图4-2示。

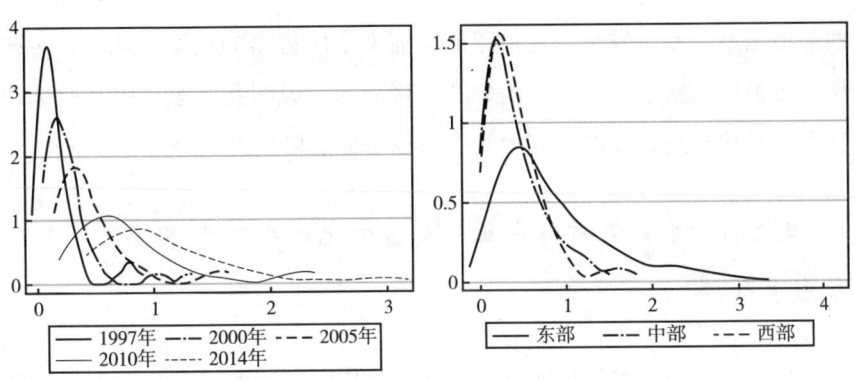

图4-2 各年份中国产业结构高级化核密度估计

总体来看,中国产业结构高级化的动态发展特征主要包括:

(1) 在样本期1997~2014年,核密度估计曲线明显向右发生偏移,这说明中国产业结构高级化发展水平由低向高不断提升,随着时间推移,产业结构高级化水平较高的省市数量不断增加。

(2) 从波峰的分布形态看,波峰的变化呈现出明显的"陡峭—扁平"波动趋势,相比1997年、2000年以及2005年,2010年和2014年的中国产业结构高级化的核密度曲线波峰扁平程度更加显著,密度函数曲线的中心右移,变化区间增大,峰值依次减小,这表明我国产业结构高级化的发展存在较为明显的空间差距。

（3）从波峰的数量看，考察期内波峰呈现出由不明显的双峰向单峰变化的态势，1997年、2000年核密度曲线的波峰由初始时刻陡峭主峰和尾部侧峰构成，2005年、2010年和2014年为明显的单峰，这说明我国产业结构高级化发展早期呈现出不太显著的两极化格局，之后随着时间推移两极化现象消失。

由图4-2可知，与东部地区相比，中、西部地区产业结构高级化核密度曲线的波峰分布较陡峭，波峰宽度收窄，核密度曲线中心整体向左移动，这说明东中部和东西部间的产业结构高级化发展存在较大的空间差距，中、西部地区核密度曲线的分布形态和波峰较为相似，说明中西部地区空间差距较小，这也印证了前文中所得出的结论。此外，考察期内各地区核密度曲线均为明显的单峰分布，说明我国东、中和西部地区产业结构高级化发展过程中并未出现明显的极化现象。

4.2.3 九大城市群产业结构高级化的分布动态演进：基于核密度估计

进一步采用非参数核密度估计方法分析中国九大城市群2004~2015年的产业结构高级化的分布状况。为使所研究对象在时间序列上实现动态可比，在对数据进行均值化处理基础上，将观察年份的时间跨度设置为2年，记录所研究对象核密度图形的波峰高度、波峰位置、波峰宽度、波峰数量以及波长长度等特征，结果如表4-4所示。

表4-4　九大城市群产业结构高级化的动态分布特征

城市群	波峰形态	波峰数量	分布位置	分布特征
总体	逐渐降低、宽度变大	双峰—单峰	依次右移	波长先变长后变短、右拖尾现象
京津冀	逐渐降低、宽度变大	双峰—单峰—双峰	依次右移	波长先变短后变长、右拖尾现象

续表

城市群	波峰形态	波峰数量	分布位置	分布特征
辽中南	逐渐降低、宽度变大	双峰—多峰—双峰	依次右移	波长先变短后变长、右拖尾现象
哈长	先升高后逐渐降低、宽度先变小后变大	单峰—双峰—单峰	依次右移	波长先变短后变长、右拖尾现象
长三角	先升高后逐渐降低、宽度变大	双峰—单峰	依次右移	波长变长、右拖尾现象
中原	逐渐降低、宽度变大	双峰—单峰	依次右移	波长变长、右拖尾现象
长中游	逐渐降低、宽度变大	单峰	依次右移	波长变长、右拖尾现象
珠三角	逐渐降低、宽度变大	单峰—双峰	依次右移	波长先变长后变短、右拖尾现象
北部湾	先升高后逐渐降低、宽度先变小后变大	单峰—多峰—单峰	依次右移	波长变长、右拖尾现象
成渝	逐渐降低、宽度变大	单峰	依次右移	波长变长、右拖尾现象

受篇幅限制，从样本期2004~2015年，各个城市群产业结构高级化的核密度估计图并未列出，表4-4中显示结果为每个城市群核密度估计图在样本期内的大致动态分布特征，京津冀城市群的核密度曲线在2004~2008年为双峰，2010~2012年，单峰现象明显，而后在2014年左右出现双峰，核密度估计曲线明显向右发生偏移，2006~2008年，波长变短、右拖尾现象并不明显，2010年以后波长逐渐变长。波峰分布形态呈现出明显的"陡峭—扁平"波动趋势，峰值降低，说明京津冀城市群产业结构高级化水平由低向高提升，在样本考察内，产业结构高级化水平较高的城市数量不断增加，集中趋势减弱，落后地区产业结构高级化发展相对较快，缩小了城市间产业结构高级化的差距。其在部分年份出现俱乐部收敛现象。从分布特征角度来看，京津冀城市群产业结构高

级化的发展呈现出收敛特征。

辽中南城市群的核密度曲线在2004～2010年双峰，在2012年前后出现多峰现象，2014年变为双峰。波长在2006年前后变短，之后逐年变长。波峰在样本考察期内明显向右移动，峰值逐年降低，波峰呈现出"双峰—多峰—双峰"特征，分布形态呈现出明显的"陡峭—扁平"波动趋势，这说明辽中南城市群在样本考察期内整体产业结构高级化水平得到提高，落后城市产业结构高级化发展程度相对较快，且呈现出明显的两极化现象和俱乐部收敛现象。哈长城市群的波峰在2004～2006年逐年升高，在2008～2016年间逐渐降低，在此期间其宽度先变小后变大，在2008年前后出现双峰现象，波长变短，2010年以后双峰变为单峰，且波长逐渐变长。说明哈长城市群产业结构高级化的集中趋势先增强后降低，两极化现象逐渐消失。

长三角城市群的核密度曲线在2004年双峰现象明显，在2006年以后变为单峰，宽度逐年变宽，波峰高级在2006年达到最高点，2006年以后逐年降低，且波峰从2004～2015年逐年右移，波长变长，右拖尾现象较为明显。这说明长三角城市群在样本考察内产业结构高级化的极化现象逐渐消失，其集中趋势呈先增强后将减弱的趋势，整体产业结构高级化水平不断提高。中原城市城市群的核密度曲线除在2004年出现双峰现象外，在其他年份均为单峰，波峰逐渐降低，宽度变大，波峰分布位置逐年右移，波长变长，具有明显的右拖尾现象。说明中原城市城市群产业结构高级化的集中趋势减弱，落后城市产业结构高级化程度发展相对较快，城市间的差距减小。长中游城市群和成渝城市群的核密度估计曲线表现出相类似的特征，在样本考察期内波峰具有单峰特征，峰值逐渐降低且宽度变大，曲线位置依次右移，波长变长且具有右拖尾现象。说明两城市群产业结构高级化水平不断提升，城市群内的产业结构高级化的集中趋势减弱，落后城市产业结构高级化程度的发展速度相对较快。

珠三角城市群的核密度曲线在 2004~2015 年为单峰，波长逐渐变长，在 2016 年具有双峰特征，波峰呈现出"单峰—多峰"特征，波长变短，峰值逐渐降低且宽度变大，曲线位置依次右移，具有右拖尾现象。说明珠三角城市群在样本考察期内产业结构高级化水平有所提升，随着时间推移，城市群内产业结构高级化发展水平较高的城市数量不断增加，群内出现极化现象或俱乐部收敛现象。北部湾城市群的核密度曲线在考察期内波峰呈现出由"单峰—多峰—单峰"变化的态势，在 2010 年前后出现多峰，峰值先升高后逐渐降低、宽度先变小后变大，曲线位置依次右移，具有右拖尾现象。说明北部湾城市群群内产业结构高级化的集中趋势先增强后下降，整体产业结构高级化水平得到提升，在 2010 年左右出现极化现象，但随着时间推移，这种极化现象逐渐消失。

总体来看，九大城市群产业结构高级化的核密度曲线除在分布位置上均呈现右移特征外，其在波峰心态、数量以及分布特征等方面表现出显著差异，各城市群产业结构高级化的不均衡分布特征呈现明显不同。

4.2.4 制造业高级化的分布动态演进：基于核密度估计

为进一步了解中国制造业高级化的空间分布整体特征，本书采用核密度估计方法分析样本考察期内制造业升级的分布动态演进，并考察劳动密集型制造业、资本密集型制造业以及技术密集型制造业升级的动态分布特征。核密度估计结果如图 4-3 至图 4-6 所示。

1. 中国制造业升级的核密度估计

整体来看，我国制造业升级（见图 4-3）在 1999~2015 年考察期内的分布动态演进特征主要体现在：密度估计曲线整体向右偏移，说明随着时间推移，我国整体制造业升级水平由低向高演进。从波峰的分布

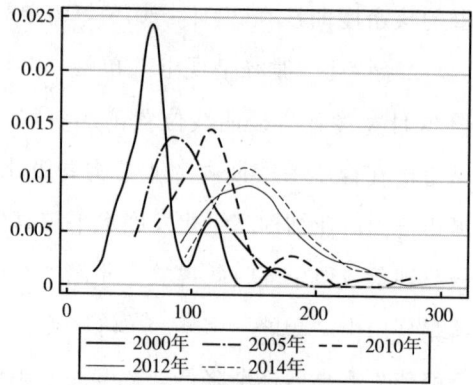

图 4-3　各年份中国制造业升级核密度估计

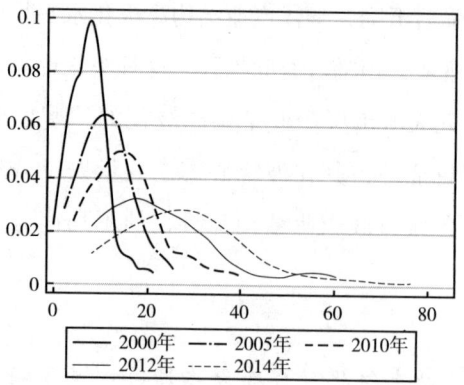

图 4-4　各年份劳动密集型制造业升级核密度估计

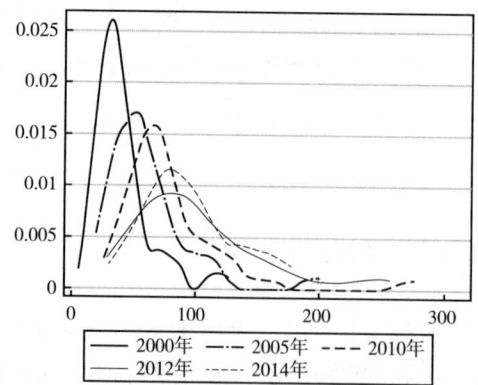

图 4-5　各年份资本密集型制造业升级核密度估计

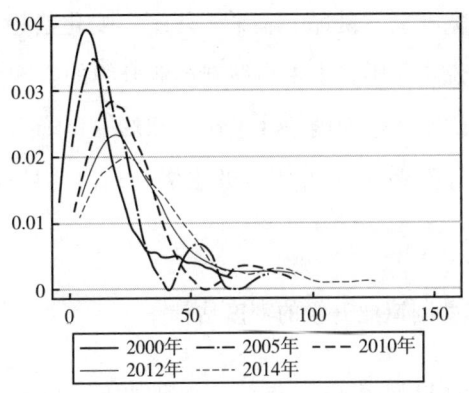

图4-6　各年份技术密集型制造业升级核密度估计

形态看，核密度曲线波峰变化经历了从陡峭到扁平再到陡峭的过程，变化区间缩小，说明我国整体制造业升级的空间差距具有减小态势。从波峰角度看，样本考察期内波峰分布呈现出"双峰—单峰"交替变化趋势，说明我国制造业升级过程出现两极化格局，但之后随着时间推移这种极化现象逐渐消失。

2. 劳动密集型制造业升级的密度估计

劳动密集型制造业升级的分布动态演进特征（见图4-4）主要有：从图形位置看，曲线整体向右偏移，曲线中心向右移动，说明劳动密集型制造业升级水平随着时间推移得到明显提高。从波峰分布形态看，核密度曲线波峰呈现"陡峭—扁平"的变化趋势，核密度曲线中心明显右移，波峰变化区间也逐渐增大，峰值依次降低，说明我国劳动密集型制造业升级的空间差距在变大。从波峰角度看，曲线具有明显的单峰分布，并未出现双峰分布现象，说明劳动密集型制造业在其升级过程中并未出现多极化现象。

3. 资本密集型制造业升级的核密度估计

核密度估计结果如图4-5所示，其分布特征主要包括：曲线整体向右偏移，波峰宽度呈"陡峭—扁平—陡峭"变化趋势，波峰变化区间先增大后减小，说明我国资本密集型制造业升级的空间差距呈现出先增大后缩小态势。样本考察期内波峰呈现"双峰—单峰"分布，说明我国资本密集型制造业升级过程出现两极化格局，但这种极化现象在2005年以后逐渐消失。

4. 技术密集型制造业升级的密度估计

核密度估计结果如图4-6所示，特征如下：技术密集型制造业升级的核密度估计曲线在2005年以后向右偏移程度不大，峰值依次降低，波峰宽度呈"陡峭—扁平"变化趋势，且在2014年具有明显的右拖尾分布，说明技术密集型制造业的升级在不同省份间存在较大的空间差距。波峰呈现"单峰—双峰—单峰"分布，2000年波峰由一个主峰构成，2005年出现双峰分布，这表明2005年前后技术密集型制造业升级出现不太显著的两极化格局，但随着时间推移该极化现象逐渐消失。

4.3　中国产业结构高级化的空间网络关联分析

前文从空间差距与分布演进等角度分析了产业结构高级化的特征，更进一步，为识别我国产业结构高级化的空间关联机制，本节以"关系数据"为基础，结合社会网络分析法（SNA），考察中国产业结构高级化的空间网络结构，以期准确刻画出中国省域间产业结构高级化的整体空间网络关联结构特征，充分认识各省份或区域在整体空间网络中的作用，这对于制定产业结构政策，推进省域间产业结构高级化协同发展具有十分重要意义。

4.3.1 研究方法和空间网络关系构建

1. 研究方法

社会网络分析是一种跨学科分析方法，社会网络分析是从"关系"角度出发研究网络关系结构特征，包括社会结构、经济结构等方面。由于大多统计方法不能用来分析关系数据，而社会网络分析研究的恰恰是关系数据，故其在社会学、管理学、经济学等领域得到较为广泛应用，已成为一种新的研究范式。而法肯姆普斯和明腾（Fafchamps and Minten，1999）、艾伦和盖尔（Allen and Gale，2000）、梅（May，2008）、瓦尼奥（Vainio，2005）、柏格（Borg，2009）等采用社会网络分析法对金融业、高科技产业、国际贸易等领域进行了研究。近年来，社会网络分析也得到经济学界的广泛关注。社会网络分析方法涉及整体网络特征指标、中心性指标、块模型分析、QAP回归分析等方法。

（1）整体网络特征指标。整体网络特征一般通过网络密度、关联度、等级度和效率四个指标进行刻画，网络密度能够反映省际间产业结构高级化关联关系的紧密程度，网络密度越大，说明省际间产业结构高级化存在的关系数越多，其测度为公式（4.12）。网络关联度反映产业结构高级化关联网络本身的稳健性，若网络中很多关联线与一省份或区域相连，则说明产业结构高级化关联网络较依赖于该省份或区域，使得网络稳健性不高，其测度为公式（4.13）。网络等级度用以衡量各省份在网络结构中的支配性和等级性，即反映关联网络中各省份之间在多大程度上非对称地可达。网络等级度越大，表明网络越具有等级结构，其计算为公式（4.14）。网络效率反映产业结构高级化关联网络中省份间的连接效率，若网络效率越低，说明省际间产业结构高级化的联系数越多，空间溢出效应管道越多，产业结构高级化的网络结构越稳定，其测度为公式（4.15）。

$$D = L/N(N-1) \tag{4.12}$$

其中，L 为关系网络中实际关系数，N 为关系网络中省份数量。

$$C = 1 - 2V/N(N-1) \tag{4.13}$$

其中，V 为关系网络中省份不可达的点对数目。

$$GH = 1 - H/\max(H) \tag{4.14}$$

其中，H 为对称可达点数目，$\max(H)$ 为网络中最大可能对称可达点数目。

$$GE = 1 - E/\max(E) \tag{4.15}$$

其中，E 为多余关系数，$\max(E)$ 为网络中最大可能的多余关系数。

（2）中心性指标。比较常用的中心性指标主要包括度数中心度、中间中心度和接近中心度。度数中心度反映产业结构高级化空间网络中各省份处于中心位置的程度，若某省份度数中心度越高，说明该省份越处于中心位置，其计算为公式（4.16）。中间中心度衡量一个省份在多大程度上位于其他"点对"的"中间"，其计算为公式（4.17）。接近中心度是一种针对不受其他省份控制的测度，一个省份产业结构高级化水平越是与其他省份接近，该省份在省际间产业结构高级化传递协同方面就更加容易，计算为公式（4.18）。

$$PC = n/N - 1 \tag{4.16}$$

其中，n 为与某省份直接有关的关系数，N 为网络规模。

$$BC = 2C_{ABi}/(N^2 + 3N + 2) \tag{4.17}$$

其中，C_{ABi} 为 i 省份的绝对中心度，具体分解公式可参考刘军的研究。

$$CC = (N-1)/\sum_{j=1}^{n} d_{ij} \tag{4.18}$$

其中，d_{ij} 是省份 i 和省份 j 之间的捷径距离。

（3）空间网络的块模型分析。块模型分析是从网络结构出发，研究网络位置的一种方法，即分析各个位置块在产业结构高级化关系网络中的角色。具体来说，块模型分析能够刻画出中国产业结构高级化关系网络中的板块数目、板块角色、板块内部成员省份以及板块间的连接关系。产业结构高级化空间网络可能包含的位置角色可分为：一是主受益板块，该板块既接受来自其他板块成员省份的关系，又对其他板块成员发出溢出关系，但其接受来自其他板块的关系数要明显多于其对外发出溢出关系数。二是双向溢出板块，该板块既接受板块外部关系，又向外部板块发出关系，该板块特点是其内部成员省份间的关系数目相对较多，产生双向溢出效应。三是净溢出板块，该板块成员接受来自其他板块的关系数较少，但向其他板块成员发出的关系数较多。四是经纪人板块。该板块省份既接受又发送外部板块关系，在板块间起到"经纪人"作用。

2. 空间网络关系的构建

社会网络分析方法首先是确定省际间关联关系，即构建省际产业结构高级化空间关联关系。本书选择修正重力模型确定其空间网络关系，选择原因主要有：一方面基于已有文献，冷炳荣（2011）、汤放华（2013）运用重力模型分别研究中国城市网络空间组织和长江中下游城市集群经济网络结构，刘华军（2015）采用修正重力模型分析中国能源结构空间关系；另一方面，修正重力模型将经济和地理距离等因素考虑在内，适用性和精确性更优，也有学者采用 VAR Granger Causality 方法确定空间关系，但其检验结果极易受数据稳定性和滞后阶数选择的影响，这在一定程度上加大了确定空间网络关系的复杂度和难度。

结合省际间产业结构高级化发展特征，修正后的重力模型为公式（4.19）所示：

$$y_{ij} = k_{ij} \frac{\sqrt[3]{I_i T_j g_i} \sqrt[3]{I_j T_j g_j}}{D_{ij}^2}, \quad k_{ij} = \frac{I_i}{I_i + I_j} \tag{4.19}$$

其中，y_{ij} 为省份 i 产业结构高级化对省份 j 的引力，I_i、I_j 分别是省份 i、j 产业结构高级化指数（第 3 章 3.3 节中计算的 IS），k_{ij} 表示省份 i 在 i、j 两省份间高级化联系中的贡献率，g_i、g_j 分别为省份 i、j 的实际人均生产总值，T_i、T_j 分别为省份 i、j 的全要素生产率[1]，D_{ij} 是省份 i 与省份 j 之间的地理距离[2]。

根据式（4.19）计算省际间产业结构高级化的引力矩阵，以矩阵行平均值为标准，将行中大于该值的记为 1，表示两省份之间存在空间关联关系，否则记为 0，表示不存在空间关联关系。

4.3.2 产业结构高级化的空间网络特征分析

1. 网络密度

根据产业结构高级化的空间关系矩阵，借助 UCINET 软件绘制我国产业结构高级化的空间网络图，以 2013 年为例，如图 4-7 所示。整体来看，中国产业结构高级化的空间关联关系具有明显的网络结构特征。计算 1998~2015 年中国产业结构高级化空间关联网络密度，通过网络密度变化（见图 4-8）可以看出，1998~2015 年，全国省际间产业结构高级化的空间关联总数由 1998 年的 163 个增加到 2015 年的 222 个，并呈现出逐年上升趋势，而整体网络密度由 1998 年的 0.175 上升到 2015 年的 0.239，其在 2002~2007 年网络密度增加幅度较快，在 2008 年以后其增幅有所减缓，这说明我国产业结构高级化的空间关联程度逐年增

---

[1] 采用非参数方法计算 Malmqulist 指数来衡量各地区全要素生产率（TFP）。
[2] 此处的地理距离是指各省份省会城市之间的距离。

第 4 章 中国产业结构高级化的空间关联分析 81

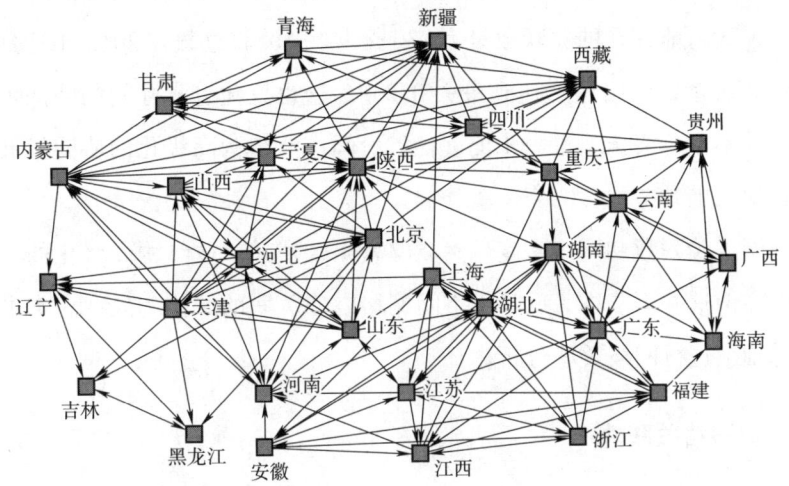

图 4-7 2013 年产业结构高级化的空间网络

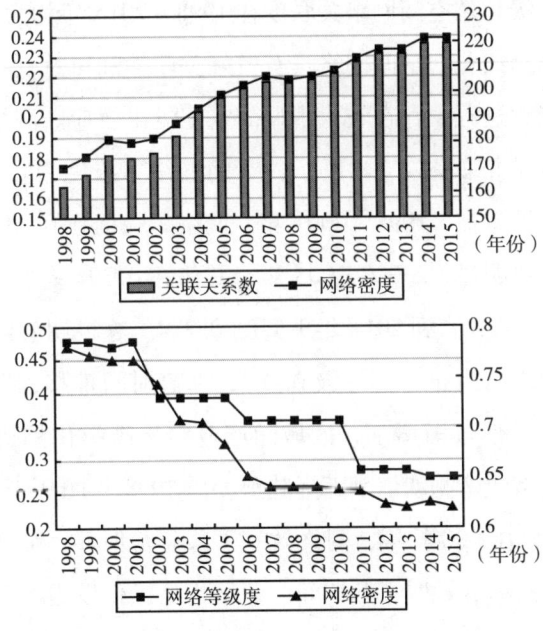

图 4-8 1998~2015 年空间网络关联性分析

强，使产业结构高级化呈现出协同化发展趋势。同时由于我国31个省份间最大可能存在的关联数量为930个①，而关联总数在2015年达到最大值222个，网络密度达到最大0.239，这也意味着省际间的空间关联程度并不十分突出，进一步促进各省份间产业结构高级化的协同发展还存在很大上升空间。

网络关联数和网络密度虽然能够表明区域间产业结构高级化的密切程度，但这并不能准确反映出空间网络内部关联的结构和效率，本书在此基础上进行网络关联分析。

2. 网络关联性

进一步通过网络关联度指标、网络等级度指标和网络效率指标对中国省际产业结构高级化进行空间网络关联性分析。结果显示，中国省际间产业结构高级化的空间网络关联度在1998~2015年均为1，这说明省际间产业结构高级化的空间网络具有较好关联性和可达性，即在省际间产业结构高级化进程中存在较为明显的空间溢出效应。网络等级度和网络效率的测度结果如图4-8所示，空间网络等级度总体呈下降态势，具有明显阶段性特征，1998~2001年，网络等级度在0.477左右，2002年前后下降趋势明显，2002~2005年，其值在0.394左右，2005~2010年，其值为0.358，直到2011年下降到0.284。这说明省际产业结构高级化的空间网络结构并非"等级森严"，随着时间推移，省际间产业结构高级化的关联性逐渐增加，区域间产业结构高级化呈协同化发展趋势。此外，网络效率测度值呈下降趋势，由1998年的0.78下降到2015年的0.622，2001~2006年，网络效率下降趋势明显，而2007年以后，其值下降趋势减缓，说明在此期间产业结构高级化发展的空间溢出渠道不断增加，多重叠加现象愈发明显，该空间网络结构更加稳定。

---

① 省际产业结构高级化空间关联数最多为31×(31-1)=930。

关联性分析表明，省际间产业结构高级化发展的协同联动作用逐年上升，这与国家相关产业发展政策是分不开的，我国2002年出台《国家产业技术政策》，旨在不断推进市场化进程中，扶持高新技术产业发展，加快对传统产业改造，淘汰落后生产工艺，引导企业向专、精、特方向发展，2008年全球金融危机使经济明显回落，此后，国家出台一系列产业刺激政策，但产业"潮涌"现象也明显加重，产业结构高级化空间网络密度增幅趋缓，其空间等级度和网络效率下降趋势也有所减缓。总体来看，中国产业结构高级化空间关联网络稳定性增强，空间溢出效应更加明显，这与近几年我国产业结构调整政策有关。

3. 中心性分析

为揭示各省份在产业结构高级化空间关联网络中的作用，以2013年为例，本部分将通过度数中心度、中间中心度和接近中心度指标对中国产业结构高级化进行网络中心性分析，度数中心度、中间中心度和接近中心度指标的测度值见表4-5。

表4-5　　中国产业结构高级化空间网络中心性分析

省份	度数中心度					接近中心度		中间中心度	
	点出	点入	总数	中心度	排名	中心度	排名	中心度	排名
北京	13	3	16	43.333	3	61.224	4	5.586	5
天津	13	3	16	43.333	3	61.224	4	5.586	5
河北	8	6	14	26.667	21	52.632	16	0.158	25
山西	7	7	14	30	16	53.571	15	0.273	24
内蒙古	11	7	18	43.333	3	57.692	9	3.139	14
辽宁	2	7	9	23.333	25	50.847	21	3.44	13
吉林	2	4	6	13.333	30	40.541	30	0	30
黑龙江	2	4	6	13.333	30	40.541	30	0	30
上海	12	3	15	40	6	62.5	2	8.775	2
江苏	10	5	15	33.333	13	52.632	16	1.349	17

续表

省份	度数中心度					接近中心度		中间中心度	
	点出	点入	总数	中心度	排名	中心度	排名	中心度	排名
浙江	8	4	12	26.667	21	46.875	27	0.033	29
安徽	8	5	13	26.667	21	50.847	21	0.376	22
福建	6	8	14	30	16	47.619	24	0.783	19
江西	4	8	12	30	16	51.724	18	0.571	21
山东	10	8	18	36.667	12	58.824	8	3.499	11
河南	5	12	17	40	6	60	6	7.35	4
湖北	9	10	19	40	6	60	6	4.175	9
湖南	9	10	19	46.667	2	62.5	2	7.626	3
广东	7	10	17	40	6	51.724	18	3.644	10
广西	4	6	10	20	28	43.478	28	0.061	28
海南	4	5	9	20	28	42.857	29	0.307	23
重庆	9	6	15	33.333	13	56.604	11	3.463	12
四川	8	6	14	26.667	21	50	23	0.93	18
贵州	8	8	16	30	16	55.556	13	3.088	15
云南	5	8	13	30	16	55.556	13	3.088	15
西藏	1	12	13	40	6	56.604	11	4.962	7
陕西	14	13	27	60	1	71.429	1	18.372	1
甘肃	6	5	11	23.333	25	47.619	24	0.11	26
青海	6	5	11	23.333	25	47.619	24	0.11	26
宁夏	6	8	14	33.333	13	51.724	18	0.742	20
新疆	1	12	13	40	6	57.692	9	4.957	8
均值	7.032	7.032	—	32.473	—	53.557	—	3.115	—

（1）度数中心度。由表4-5可知，中国31个省份的度数中心度平均值为32.473，高于度数中心度平均值的省份有15个，其值排名靠前的省份有陕西、湖南、北京、天津、内蒙古、上海、广东、河南和湖北，这说明在中国产业结构高级化空间网络结构中，上述省份的网络关系总数较多。而网络关系分为溢出关系和受益关系，陕西省的关系总数

最多，达到 27 个，其中受益关系数 13 个，溢出关系数 14 个，总体净溢出。在我国 31 省份中，点入度数平均值为 7.03，排名靠前的省份依次为陕西、西藏、新疆、河南、湖北、广东。点出度数平均值为 7.032，排名靠前的省份依次为陕西、北京、天津、上海、内蒙古、江苏、山东。从表 4-5 中还可以看出，溢出关系数大于受益关系数的省份包括北京、天津、河北、内蒙古、上海、江苏、浙江、安徽、山东、重庆、四川、陕西、甘肃和青海，两者相差在 5 个以上的省份有北京、天津、上海、江苏，说明北京、天津、上海和江苏的净溢出效应十分明显，这些省份位于环渤海地区和长三角地区的中心地带，其产业结构高级化水平较高，产生较强的辐射带动作用。而受益关系数大于溢出关系数（相差 5 个以上）的省份有西藏、新疆、辽宁、河南，其表现出显著的净受益特征。

（2）中间中心度。由表 4-5 可知，中间中心度平均值为 3.115，大于该平均值的省份有 13 个，排名前六位的省份依次是陕西、上海、湖南、河南、北京和天津。在这 6 个省份中，有 3 个属于东部地区，2 个属于中部地区，1 个属于西部地区，这些省份处于中国产业结构高级化关系网络结构的最短路径上，其在我国产业结构高级化空间网络中具有较强的控制导控能力，也表明这些省份在其各自区域产业结构高级化协同发展过程中起到"中间"和"传导"的重要作用。

（3）接近中心度。由表 4-5 可知，接近中心度均值为 53.557，排名前五位的省份依次为陕西、湖南、上海、北京、天津，这说明上述省份在产业结构高级化空间网络中扮演中心行动者的角色，即这些省份产业结构高级化水平的提高能够更快更有效地影响其他省份产业结构高级化发展的进程，在东部地区中，北京、天津和上海的中间中心度和接近中心度测度值和排名优势明显，说明北京、天津和上海在区域产业结构高级化网络中起到"桥梁"和"发动机"的双重作用。排名靠后的省份有广西、海南、黑龙江和吉林，说明其在产业结构高级化空间网络中处于边缘行动者地位，这可能是由于其产业结构高级化水平较低以及区域位置欠佳等因素造成的。

通过中心性分析可以看出，陕西、北京、天津和上海等省份的作用较为突出，这可能是由于：北京和天津是环渤海经济圈经济最活跃地区，北京地区的现代服务业（文化创意、会展旅游等）发达，天津以高新技术产业为主导，主要涉及电子信息、航空航天等先进制造业。而在2009年，辽宁沿海经济带、山东黄河三角洲、河北渤海新区、天津滨海新区以及河北曹妃甸新区形成环渤海五大经济新区，京津地区产业结构高级化的领先发展，有效促进了五大经济新区在电子信息、商务服务、航运物流等先进制造业和生产性服务业方面的发展，互动效应明显，空间关联紧密。而作为长三角地区的核心城市，上海市率先形成以现代服务业为主的产业结构，在金融、商贸流通、信息服务业、航运业等领域发展迅速，在其带动下，东南沿海城市产业结构转变速度较快，在全国范围内起到示范性作用。以陕西为中心的西北地区，陕西省以航空航天、化工产业、电子信息、汽车产业等高科技产业为支柱产业，在其产业结构转型升级过程中，也呈现出加速向周边"梯度转移"的趋势，"桥梁"作用明显。

4.3.3 产业结构高级化的空间网络块模型分析

为进一步揭示中国省际产业结构高级化的空间特征，在中心性分析基础上引入块模型分析，运用 UCINET 中 CONCOR 模块，将我国 31 个省份分割为四个产业结构高级化板块。根据表 4-5 可知，第一板块包含 10 各省份，分别是北京、天津、河北、山西、内蒙古、辽宁、吉林、黑龙江、河南和山东，其中有 5 个省份位于环渤海区域。第二板块包含 7 个省份，分别为新疆、西藏、甘肃、青海、陕西、四川和宁夏，主要分布在西北区域。第三板块包含 7 个省份，分别为福建、浙江、江苏、湖北、江西、安徽和上海。主要为东南沿海省份。第四板块包含7个省份，分别为云南、广东、湖南、海南、重庆、广西和贵州。

根据表4-6，2013年全国产业结构高级化关联网络中共存在218个关系数，在四个板块中，板块内部之间的关系数为146个，板块与板块之间的关系数为72个，说明板块与板块间的产业结构高级化存在显著的空间溢出效应和"梯度差异"特征，板块内部省份间产业结构高级化发展表现出明显协同化特征。整体来看，产业结构高级化空间网络表现出"总体分异、板块聚类"的特点，说明我国产业结构高级化发展存在空间异质性和空间依赖性，这与匡远配和唐文婷（2015）所得结论相类似。

表4-6　　　　　　　　　板块间溢出效应分析

板块	发出关系数		接受关系数		期望内部关系比列	实际内部关系比例	板块特征
	板块内	板块外	板块内	板块外			
板块一	49	24	49	12	30	68	双向溢出板块
版块二	30	12	30	31	20	41	主受益板块
板块三	34	23	34	9	20	47	净溢出板块
板块四	33	13	33	20	20	46	经纪人板块

第一板块发出总关系数73个，其内部关系数为49个，向其他板块发出关系数24个，接受其他板块溢出关系数12个，期望内部关系比例和实际内部关系比例分别为30%、68%，该板块既接受关系数也有发出关系数，其在板块内部和板块间的溢出效应明显，因此第一板块是"双向溢出板块"。第二板块发出关系数为42个，其内部关系数为30个，向其他板块发出关系数12个，接受其他板块溢出关系数31个，期望内部关系比例和实际内部关系比例分别为20%、41%，该板块成员接受来自其他板块的溢出关系数要显著高于其发出关系数，该板块对其他板块溢出效应及其外部关系比例较小，故第二板块是"主受益板块"。第三板块发出关系数为57个，内部关系数为34个，向其他板块发出关系数

23个，接受其他板块关系数为9个，期望内部关系比例和实际内部关系比例分别为20%、47%，该板块成员向其他板块发出较多关系数，但其成员接受其他板块溢出关系较少，且其内部关系数小于第一板块内部关系数，该板块内部成员对其他成员产生净溢出效应，故该板块是"净溢出板块"。第四板块发出关系数46个，板块内部关系数33个，接受其他板块溢出关系数20个，期望内部关系比例和实际内部关系比例分别为20%、46%，该板块既接受其他板块成员的联系，又对其他板块发出关系，在产业结构高级化空间关联网络中起到"中介"作用，该板块是"经纪人板块"。

为反映溢出效应在各板块间的分布情况，根据表4-6中板块间的关联关系，计算板块间的密度矩阵。如表4-7所示，第三板块的溢出效应主要体现在第三板块内部、第一板块以及第四板块，第一板块的溢出效应体现在第一板块内部和第二板块，第二板块的溢出效应主要体现在第二板块内部，其对第一板块、第三板块和第四板块并没有产生明显的溢出效应，第四板块的溢出效应主要体现在第四板块内部和第二板块。

表4-7　　　　　　　　　　密度矩阵和像矩阵

板块	密度矩阵				像矩阵			
	板块1	板块2	板块3	板块4	板块1	板块2	板块3	板块4
板块1	0.544	0.30	0.043	0	1	1	0	0
板块2	0.057	0.714	0.02	0.143	0	1	0	0
板块3	0.237	0.041	0.81	0.265	1	0	1	1
板块4	0	0.241	0.102	0.786	0	1	0	1

以2013年为例，我国产业结构网络密度为0.234，若某板块密度高于0.234，则该板块密度要高于整体网络密度平均水平，即产业结构高级化在该板块具有集中性发展趋势。将表4-7密度矩阵中大于0.234的网络密度赋值为1，小于0.234的网络密度赋值为0，进一步形成表4-7中的像矩阵，像矩阵能够更直观地体现出四大板块间的溢出效应。总

体来看，四大板块的自反性程度比较高，板块本身密度分别达到 0.554、0.714、0.81 和 0.786，像矩阵全部为 1，也就是说，四大板块自身内部具有密切的关联关系，板块内部聚类特征明显。

此外，通过表 4-7 像矩阵和图 4-9 可以清楚地反映出板块间的传递互动机制，第三板块是"净溢出板块"，在关联网络中，第三板块扮演着"发动机"的角色，它将产业结构高级化发展的动能传递给第一板块和第四板块，第一板块和第四板块又将这种发展动能传递给第二板块，第一板块和第四板块起到"桥梁"作用，"梯度"传递机制明显，第三板块成员基本是东南沿海省份，与其他板块相比，其产业结构高级化水平优势显著，东南沿海省份的现代服务业和高技术产业发达，其产业结构转型升级的辐射带动作用显著，它分别与第一板块和第四板块保持着紧密联系，这说明我国产业结构高级化发展存在明显的区域联动效应和溢出效应。

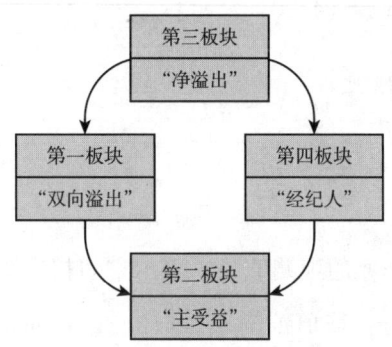

图 4-9　四大板块关联关系

4.4　中国产业结构高级化的空间集聚及其路径演进分析

上述内容表明，我国产业结构高级化空间差距呈缩小趋势，产业结构高级化水平在样本考察期内不断提升，具有明显分布不均衡现象，我国产业结构高级化的空间网络关联程度逐年增强，多重叠加现象和空间溢出效应明显。但关于"我国产业结构高级化的空间集聚模式演化及其空间转移路径"的问题还尚未进行深入探讨，故以我国285个地级市及以上地区为研究对象，运用探索性数据分析方法分析其空间集聚模式及路径演进规律。

4.4.1 研究方法和数据说明

1. ESDA 方法

ESDA 方法包括全局空间自相关和局部空间自相关。通过空间自相关指数（Moran's I 指数）及其散点图刻画要素属性值在区域或子区域中的空间相关性和空间异质性。全局 Moran's I 指数用来进行全局空间自相关分析，其表达公式如（4.20）所示。

$$I = \frac{n \sum_{i=1}^{n} \sum_{j=1}^{n} w_{ij}(x_i - \bar{x})(x_j - \bar{x})}{\sum_{i=1}^{n} \sum_{j=1}^{n} w_{ij} \sum_{i=1}^{n}(x_i - \bar{x})^2}, \quad \bar{x} = \frac{1}{n}\sum_{i=1}^{n} x_i \quad (4.20)$$

其中，x_i 表示空间单元的观测值，w_{ij} 表示空间权重矩阵要素，n 表示空间单元数目。Moran's I 取值范围 [-1, 1]，若 Moran's I 指数大于零，则表示要素间存在空间正相关关系，反之则存在空间负相关关系。

此外，Moran 散点图四个象限包括第一象限（"高-高"集聚模式 H-H）、第二象限（"低-高"集聚模式 L-H）、第三象限（"低-低"集聚模式 L-L）和第四象限（"高-低"集聚模式 H-L）。

2. 空间马尔科夫链方法

空间马尔科夫链是在传统马尔科夫链基础上引入空间滞后算子变形

而来，空间滞后算子通过地区观测值（y_j）与空间权重矩阵（w）的乘积（$\sum_i w_{ij} y_j$）来确定每个地区产业结构高级化的邻域状态。空间马尔科夫转移矩阵以地区 j 在初始年份 t_0 的空间滞后类型（k）为条件，将传统马尔科夫矩阵 $k \times k$ 分解成 k 个 $k \times k$ 条件转移概率矩阵，矩阵元素可表示为式（4.21），$p_{ijk}(t, t+1)$ 表示以 t 年份区域的空间滞后类型 k 为条件，类型 i 在 $t+1$ 年份转移为类型 j 的空间转移概率。空间转移概率矩阵可分析某地区在受其邻域地区发展状态影响下，在下一时刻向下或向上转移的概率分布。本书采用空间邻接权重定义我国省域空间尺度上的空间关系。

$$p_{ijk}(t,t+1) = p\{Y(t+1)=j | Y(t)=i, WY(t)=k\} \quad (4.21)$$

3. LISA 马尔科夫链方法

LISA 马尔科夫链可以揭示局部空间集聚模式的分布及演化，其演化路径主要包括向外扩散路径和向内扩散路径。向外扩散路径可分为饱和型向外扩散（"高—低"集聚模式向"高—高"集聚模式转变）和取代型向外扩散（"高—低"集聚模式向"低—高"集聚模式转变）。向内扩散转移路径分为饱和型向内扩散（"低—高"集聚模式向"高—高"集聚模式转变）和取代型向内扩散（"低—高"集聚模式向"高—低"集聚模式转变）。

4. 数据说明

为准确说明我国产业结构高级化的空间集聚模式及其空间转移路径，本节选取空间尺度较小的地级市及以上地区为研究对象，考虑到国家统计局在 2002 年发布《国民经济行业分类与代码》，以及我国 2002 年前后城市行政区划调整较大，本文所选取的研究时间段为 2003~2015 年，除行政区划调整（巢湖、毕节、铜仁、三沙）和数据严重缺失的地区外,为使统计口径保持一致,本书将2003~2015年285个地级及以上地区作为样本研究对象。

4.4.2 全局空间自相关

采用全局 Moran's I 指数进行产业结构高级化的全局空间自相关分析,为保证变量是否符合全局空间自相关分析的条件,故在对各年份产业结构高级化指数值进行全局空间自相关分析前,首先运用单样本 K-s 非参数检验方法检验产业结构高级化指数是否符合正态分布。检验结果显示,产业结构高级化指数的双侧渐进 P 值要小于 0.05,说明各城市产业结构高级化指数符合全局空间自相关分析的前提。

按照 Moran's I 指数公式 (4.20),利用 Geoda 软件分别计算 2003~2015 年全国 285 个地级市及以上地区产业结构高级化的全局 Moran's I 指数值,相应计算结果如表 4-8 所示。表中结果包含历年全局 Moran's I 指数值和统计量 Z 值。图 4-10 表示历年全局 Moran's I 指数的趋势。从表 4-8 可以看出,产业结构高级化的全局 Moran's I 值介于 0.288~0.580,其值均大于零,由标准化统计量 Z 值可以得出,各年份的 Moran's I 值均通过 5% 的显著性水平检验,说明各年份全局 Moran's I 指数值均显著大于零,这意味着全国 285 个地级市及以上地区产业结构高级化的发展在空间分布上具有显著的空间正相关关系,而非处于完全随机状态。从图 4-10 也还可以看出,全局 Moran's I 指数值由 2003 年的 0.580 迅速下降至 2005 年的 0.288,达到最低点,尽管其值在 2006 年反弹回升,但在 2007~2012 年逐年下降,最后在 2013~2015 年逐年上升,总体上呈现出向下降后上升的趋势,说明在样本观察期间我国产业结构高级化在其发展过程中所表现出的正空间相关性先降低后增强,存在地理上的空间集聚现象。

表4-8　2003~2015年中国285个地级市以上地区全局空间Moran's I 指数值

年份	Moran's I	统计量Z值	年份	Moran's I	统计量Z值
2003	0.580	17.111	2010	0.457	12.466
2004	0.566	13.725	2011	0.419	10.310
2005	0.288	9.119	2012	0.414	9.998
2006	0.511	14.406	2013	0.452	10.665
2007	0.511	14.027	2014	0.476	12.530
2008	0.487	12.848	2015	0.507	11.697
2009	0.479	12.187	—	—	—

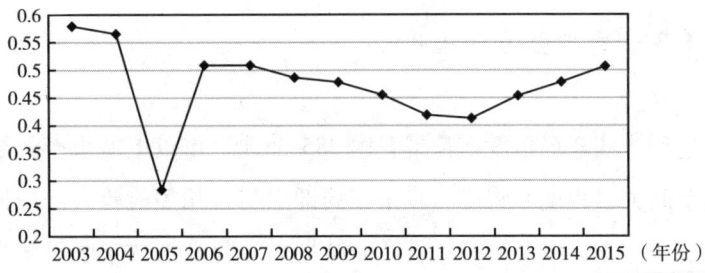

图4-10　2003~2015年总体Moran's I 趋势

此外，除了对城市整体产业结构高级化进行全局空间自相关检验外，还针对制造业和服务业的劳动生产率分别进行全局空间自相关检验，检验结果如图4-11所示，制造业和服务业高级化指数的Moran's I 值在2003~2015年均大于零，此外，通过相对应的统计量Z值，各年份Moran's I 值均通过5%的显著性水平检验，说明我国制造业和服务业在其各自升级过程中均存在显著的空间相关性和空间集聚效应。服务业高级化指数的Moran's I 值要显著高于制造业高级化指数的Moran's I 值，制造业高级化指数的Moran's I 值由2003年的0.301下降至2015年的0.148，空间相关性呈下降趋势，而服务业高级化指数的Moran's I 值由2003年的0.574下降至2015年的0.493，其下降幅度并不明显，说明服务业升级过程中所表现的空间相关性要显著高于制造业升级。

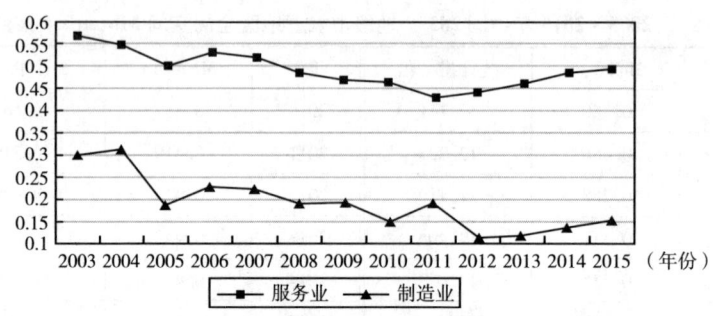

图4-11 2003~2015年制造业和服务业Moran's I趋势

4.4.3 局部空间自相关

上述部分从全局角度衡量了我国285个地级市以上城市产业结构高级化的空间关联程度,将进一步采用局部空间自相关检验方法挖掘其局部空间变化特征,以期刻画区域产业结构高级化发展的空间集聚性和空间依赖性,并在此基础上探索产业结构高级化区域空间集聚模式。接下来,通过Moran散点图对区域产业结构高级化空间特征进行可视化分析,从而刻画出区域相邻单元间的局部空间相关模式。

以2011年和2015年的Moran散点图为例,图4-12分别表示2011年和2015年285个地级市以上地区产业结构高级化的集聚模式分布图。图4-12中包括四个象限:第一象限(H-H)表示产业结构高级化水平较高的区域单元与产业结构高级化水平较高单元相邻的空间关联形式;第二象限(L-H)表示产业结构高级化水平较低的区域单元与产业结构高级化水平较高单元相邻的空间关联形式;第三象限(L-L)表示产业结构高级化水平较低的单元与产业结构高级化水平较低的单元相邻的空间关联形式;第四象限(H-L)表示表示产业结构高级化水平较低的单元与产业结构高级化水平较低单元相邻的空间关联形式。

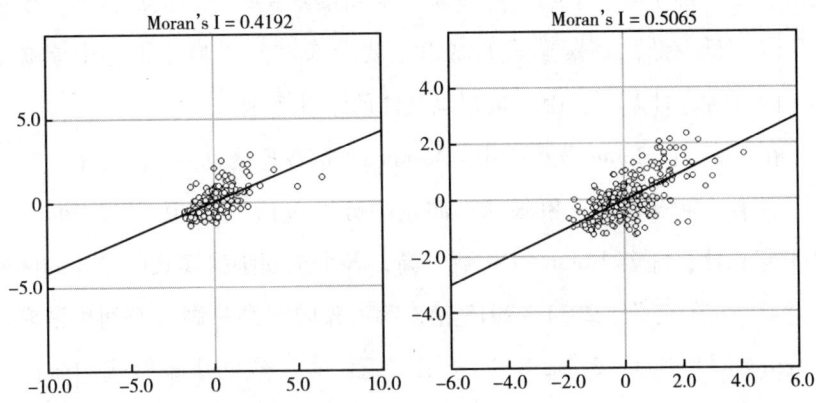

图4-12 产业结构高级化的Moran散点图（从左向右依次为2011年、2015年）

图4-12中，在2015年，Moran散点图第一象限中包含有83个城市，说明有83个城市产业结构高级化发展处于"高—高"空间集聚模式，这些城市产业结构高级化水平与其周围相邻城市的产业结构高级化水平平均值相差不大，均处于较高水平。Moran散点图第二象限中包含有39个城市，处于"低—高"集聚模式，这些城市产业结构高级化水平与其周围相邻城市的产业结构高级化水平平均值要低。Moran散点图第三象限中包含有125个城市，处于"低—低"空间集聚模式，说明这些城市产业结构高级化水平与其周围相邻城市的产业结构高级化水平均相对较低，且相差不大。Moran散点图第四象限中包含有38个城市，处于"高—低"空间集聚模式，说明这些城市产业结构高级化水平要明显高于其邻域城市产业结构高级化水平的平均值。

此外，限于篇幅原因，本书并未将各象限内的城市——列出，从2015年产业结构高级化的集聚模式分布图能够看出，处于第一象限"高—高"空间集聚模式的城市主要分布在辽中南城市群、山东半岛大部分城市、环渤海大城市群、长江三角洲城市群、浙江大部分城市、福建沿海城市、珠三角城市群以及部分成渝城市群等区域。处于第二象限"低—高"集聚模式的城市和处于第四象限"高—低"空间集聚模式的城市主要分布在第一象限"高—高"空间集聚模式城市的周围。处于第三象限"低—低"集聚模式的城市主要分布在哈长城市群、中原城市群、内蒙古、甘肃、云南、贵州以及江西东部等地区。

在2011年Moran散点图中，Moran's I 指数值为0.414，其中，第一象限、第二象限、第三象限和第四象限分别包括71、30、142、42。与2011年相比，随着Moran's I 指数升高，各个空间集聚模式所涉及的区域发生了一定的变化，2011~2015年，第一象限"高—高"空间集聚模式的城市数量增加了12个，第二象限"低—高"空间集聚模式的城市数量增加9个，第三象限"低—低"空间集聚模式的城市数量减少17个，第四象限"高—低"空间集聚模式的城市数量减少了4个，2011~2015年，分布"高—高"和"低—高"空间集聚模式的城市数量均有所增加，处于第一象限"高—高"集聚模式城市数量增加最多，达到12个。而分布"低—低"和"高—低"空间集聚模式的城市数量均有所减少，处于第三象限"低—低"集聚模式城市数量减少最多，达到17个。这说明我国各城市产业结构高级化的聚类模式呈现出向"高—高"集聚模式演化为主的趋势。尽管处于第三象限"低—低"空间集聚模式的城市数量有所减少，但从总体来看，处于第三象限"低—低"城市数量所占比重依然很大，这也从侧面说明我国各城市间产业结构高级化发展不平衡性现象明显。

4.4.4 中国产业结构高级化的空间路径转移分析：空间马尔科夫链

本节将进一步采用空间马尔科夫链方法从全局角度考察2003~2015年我国285个地级市以上城市产业结构高级化发展空间分布演进趋势。首先按照五分位点将城市产业结构高级化指数 I 依次划分为5种类型，分别为低水平类型、中低水平类型、中水平类型、中高水平类型和高水平类型,并依次由高到低记为Ⅰ、Ⅱ、Ⅲ、Ⅳ和Ⅴ。借助 Python 软件,在构造空间转移概率矩阵基础上,分别计算传统马尔科夫转移矩阵和空间马尔科夫矩阵,计算结果如表 4-9 和表 4-10 所示。

表 4-9　　　　　　　传统马尔科夫转移矩阵

观测类型	Ⅰ	Ⅱ	Ⅲ	Ⅳ	Ⅴ
Ⅰ	0.9288	0.0584	0.0064	0.0032	0.0032
Ⅱ	0.1053	0.8248	0.0651	0.0047	0.0000
Ⅲ	0.0064	0.0872	0.8013	0.1004	0.0048
Ⅳ	0.0048	0.0096	0.0840	0.8400	0.0616
Ⅴ	0.0048	0.0000	0.0032	0.0716	0.9204

表 4-10　　观测类型的一步空间马尔科夫转移概率矩阵　　　单位:%

空间滞后	观测类型	Ⅰ	Ⅱ	Ⅲ	Ⅳ	Ⅴ
Ⅰ	Ⅰ	88.5	9.02	0.82	0.82	0.82
	Ⅱ	13.8	82.96	195	126	—
	Ⅲ	—	19.77	78.79	0.68	0.76
	Ⅳ	1.4	1.39	18.06	75.00	4.17
	Ⅴ	1.2	—	1.18	8.24	89.41
Ⅱ	Ⅰ	78.1	19.30	1.75	—	0.88
	Ⅱ	6.4	71.63	21.28	0.71	—
	Ⅲ	0.7	13.89	74.31	10.42	0.69
	Ⅳ	0.9	—	17.27	75.95	6.78
	Ⅴ	—	—	—	12.73	87.27
Ⅲ	Ⅰ	82.2	17.26	0.51	—	—
	Ⅱ	11.9	68.32	18.81	0.99	—
	Ⅲ	0.8	9.70	73.13	15.67	0.75
	Ⅳ	—	—	12.98	76.34	10.69
	Ⅴ	—	—	—	14.55	85.45

续表

空间滞后	观测类型	I	II	III	IV	V
IV	I	86.3	13.01	0.68	—	—
	II	6.8	81.36	11.86	—	—
	III	1.0	8.82	69.61	19.61	0.98
	IV	0.7	2.74	4.79	80.82	10.96
	V	0.5	0.50	0.50	11.44	87.06
V	I	75.4	23.08	—	1.54	—
	II	6.6	76.42	16.04	0.94	—
	III	—	5.88	75.49	18.63	—
	IV	—	—	0.71	77.58	21.71
	V	—	—	0.82	6.56	92.62

传统马尔科夫转移矩阵并没有考虑空间因素的影响，由表4-9的结果可知，在传统马尔科夫转移概率矩阵中，观测类型 I、II、III、IV 和 V 保持其原有状态概率分别为92.88%、82.84%、80.13%、84% 和 92.04%。若考虑空间滞后因素的影响，计算结果如表4-10所示，在一步空间马尔科夫转移概率矩阵中，随着空间滞后类型的依次提高，观测类型 I 保持原状态概率分别为 88.52%、78.07%、82.23%、86.3% 和 75.38%，观测类型 II 保持原状态概率分别为 82.96%、71.63%、68.32%、81.36% 和 76.42%，观测类型 III 保持原状态概率分别为 78.79%、74.31%、73.13%、69.61% 和 75.49%，观测类型 IV 保持原状态概率分别为 75.00%、75.95%、76.34%、80.82% 和 77.58%，观测类型 V 保持原状态概率分别为 89.41%、87.27%、85.45%、87.06% 和 92.62%。可以看出，在不同空间滞后类型影响下，各观测类型保持原状态概率并非总为最大值，与传统马尔科夫转移概率矩阵中各观测类型的概率差别明显，这从侧面说明我国城市产业结构高级化发展在样本观察期 2003~2015 年内还未达到稳定状态，存在着显著的空间效应。

从一步空间马尔科夫转移概率矩阵中可以看出，在样本考察期见，我国产业结构高级化在其发展过程中具有空间溢出效应，空间溢出效应主要体现在以下几个方面。

（1）空间滞后因素对不同观测类型产业结构高级化的空间转移概率产生显著差异影响。空间马尔科夫转移概率矩阵中的转移概率与相对应的传统马尔科夫转移概率具有明显差别。传统马尔科夫转移概率矩阵没有考虑空间滞后因素，在表4-9中，观测类型Ⅰ向观测Ⅱ类型转移的概率为5.84%，观测类型Ⅱ向观测Ⅲ类型转移的概率为6.51%，观测类型Ⅲ向观测Ⅳ类型转移的概率为10.04%，观测类型Ⅳ向观测Ⅴ类型转移概率为6.16%。而空间马尔科夫转移概率矩阵将不同类型的空间滞后因素考虑在内，在表4-10中，当空间滞后类型不断提高时，观测类型Ⅰ向Ⅱ类型转移的概率依次为9.02%、19.30%、17.26%、13.01%和23.08%，观测类型Ⅱ向Ⅲ类型转移的概率依次为1.95%、21.28%、18.81%、11.86%和16.04%。观测类型Ⅲ向Ⅳ类型转移的概率依次为0.68%、10.42%、15.67%、19.61%和18.63%。观测类型Ⅳ向Ⅴ类型转移的概率依次为4.17%、6.78%、10.69%、10.96%和21.71%。

（2）相邻城市产业结构高级化水平的提升能够降低（提高）本城市产业结构高级化水平向下（向上）转移的概率。"溢出效应"和"短板效应"并存。一方面，例如，当空间滞后类型由Ⅰ到Ⅴ的依次提高时，观测类型Ⅰ向上转移概率（其值为类型Ⅰ分别向Ⅱ、Ⅲ、Ⅳ和Ⅴ转移概率之和）分别为11.48%、21.93%、17.77%、13.7%和24.62%，这说明随着与Ⅰ观测类型相邻的类型不断提高时，这种正面空间溢出效应或促进效应先增大后减小在增大，呈N形趋势。依此类推，观测类型Ⅱ向上转移概率（其值为类型Ⅱ分别向Ⅲ、Ⅳ和Ⅴ转移概率之和）分别为3.21%、21.99%、19.80%、11.86%和16.98%，这说明随着与Ⅱ观测类型相邻的类型不断提高时，这种空间效应与观测类型Ⅰ相类似，先增大后减小在增大，呈N形趋势。观测类型Ⅲ向上转移概率（其值为类型Ⅲ分别向Ⅳ和Ⅴ转移概率之和）分别为1.44%、11.11%、16.42%、

20.59%和18.63%，这说明随着与Ⅲ观测类型相邻的类型不断提高时，这种空间效应先增大后减小，呈倒Ⅴ形趋势。从以上分析结果可以看出，低水平类型的城市在其产业结构高级化发展过程中存在邻域上的"溢出效应"。另一方面，当空间滞后类型由Ⅴ到Ⅰ的依次降低时，观测类型Ⅴ向下转移概率（其值为类型Ⅴ分别向Ⅰ、Ⅱ、Ⅲ和Ⅳ转移概率总和）依次为7.38%、12.94%、14.55%、12.73%和10.59%，先增大后减小，呈倒Ⅴ形趋势。观测类型Ⅳ向下转移概率（其值为类型Ⅳ分别向Ⅰ、Ⅱ、Ⅲ转移概率总和）依次为9.7%、12.94%、14.55%、12.73%和10.59%，先增大后减小，呈倒Ⅴ形趋势。即观测类型Ⅴ和Ⅳ向下转移概率均呈倒Ⅴ形变化。说明当空间滞后类型由Ⅴ到Ⅰ的依次降低时，低空间滞后类型对高观测类型产生负面或消极影响，即高水平类型城市在其产业结构高级化发展过程中存在邻域上的"短板效应"。

此外，从转移概率变化特点可以看出，对于邻域所产生"溢出效应"和"短板效应"，当邻域类型与观测类型之间的差距适中时，邻域空间滞后类型所带来的"溢出效应"或"短板效应"就会明显增强，当这种差距过小或者过大时，这两种效应会相应减弱。

(3)"溢出效应"明显大于"短板效应"，即等级相对较高的空间滞后类型所带来的正面影响要大于等级相对较低的空间滞后类型所产生的负面影响。例如，以观测类型Ⅱ为例，当观测类型Ⅱ的邻域滞后类型分别为Ⅲ、Ⅳ和Ⅴ时，观测类型Ⅱ向上转移的概率和（向Ⅲ、Ⅳ和Ⅴ转移概率之和）分别为19.8%、11.86%和16.98%，当观测类型Ⅱ的邻域滞后类型分别为Ⅰ时，其向下转移概率为13.84%。以观测类型Ⅲ为例，当观测类型Ⅲ的邻域滞后类型分别为Ⅳ和Ⅴ时，观测类型Ⅲ向上转移的概率和（向Ⅳ和Ⅴ转移概率之和）分别为20.59%和18.63%，而当观测类型Ⅲ的邻域滞后类型分别为Ⅱ和Ⅰ时，其向下转移概率（向Ⅱ、Ⅰ转移概率之和）为14.58%和19.77%。以观测类型Ⅳ为例，当观测类型Ⅳ的邻域滞后类型为Ⅴ时，其向上转移的概率为21.71%，当观测类型Ⅳ的邻域滞后类型分别为Ⅲ、Ⅱ和Ⅰ时,其向下转移概率(向Ⅲ、Ⅱ和Ⅰ转移概率之和)分别为 12.98%、18.18% 和 20.84%。

这意味着当一个观测城市同时存在等级相对较高的邻域滞后类型和等级相对较低的邻域滞后类型时,观测城市受到的"溢出效应"要相对大于其受到的"短板效应",即"溢出效应"更为明显,这从侧面说明地级市以上城市的产业结构高级化发展存在显著"俱乐部趋同"现象。这也能够解释我国 285 个地级市以上地区随着时间推移,其产业结构高级化发展呈现出以"高—高"集聚模式为主的演化趋势。

4.4.5 中国产业结构高级化的空间路径演化分析:LISA 马尔科夫链

4.4.4 节采用空间马尔科夫转移矩阵说明了我国 285 个地级市以上城市产业结构高级化发展的空间动态演化趋势。本节将在此基础上运用 LISA 马尔科夫转移概率进一步剖析产业结构高级化的空间集聚模式动态路径转移规律。LISA 马尔科夫转移概率矩阵的计算结果如表 4 - 11 所示。

表 4 - 11　　　　LISA 马尔科夫转移概率矩阵

集聚模式	产业结构高级化			
	H - H	L - H	L - L	H - L
H - H	0.781	0.107	0.004	0.108
L - H	0.245	0.653	0.014	0.088
L - L	0.005	0.149	0.703	0.143
H - L	0.283	0.180	0.007	0.530

结果表明,对于产业结构高级化的空间集聚模式,其向外扩散路径的转移概率(饱和型向外扩散概率和取代型向外扩散概率之和)为 0.463,饱和型向外扩散概率和取代型向外扩散概率分别为 0.283 和

0.180；其向内扩散路径的转移概率（饱和型向内扩散概率和取代型向内扩散概率之和）为 0.333，饱和型向内扩散概率和取代型向内扩散概率分别为 0.245 和 0.088。也可以看出，饱和型转移概率（饱和型向外扩散概率与饱和型向内扩散概率之和）为 0.528，取代型转移概率（取代型向外扩散概率与取代型向内扩散概率之和）为 0.268。饱和型转移概率要大于取代型转移概率，说明我国产业结构高级化发展过程中存在较强的空间相关性，区位邻域间具有明显溢出效应。

此外，在 LISA 马尔科夫转移概率矩阵中，概率矩阵主对角线上的概率值要明显大于其值所在行的其他位置元素值，"高—高"集聚模式转移概率最大，"低—低"集聚模式转移概率次之，说明在我国产业结构高级化发展过程中"高—高"集聚模式较其他模式相对稳定，概率矩阵中的非主对角线上元素，"低—低"集聚模式向"高—高"集聚模式转移概率较小，其向"低—高"集聚模式和"高—低"集聚模式的概率相对较大，而"低—高"集聚模式和"高—低"集聚模式向"高—高"集聚模式转移概率在非主对角线上元素中最大，这表明随着时间推移，我国 285 个地级市以上城市产业结构高级化的发展逐渐呈现出"低—低"集聚模式向"高—低"和"低—高"集聚模式过渡，总体上表现出向"高—高"集聚模式为主的演化趋势。

第5章 中国产业结构高级化的空间收敛分析

第4章研究了省份或城市间产业结构高级化空间差距的演变趋势、空间关联内在特征、空间集聚模式以及路径转移规律,而这种空间关联特征是否影响了区域或城市间的产业结构高级化的收敛性发展。更进一步,空间相关性或空间集聚性是否加速了区域或城市间产业结构高级化的收敛,这些问题都有待于研究。基于此,本章将对区域或城市间产业结构高级化进行收敛性分析。

新古典经济增长理论基于要素边际报酬递减的假说下,认为地区间经济发展差异将随着经济不断发展而趋向于收敛,即经济发展水平落后地区或城市的经济增长速度会高于经济相对发达的地区,经济增长速度的差异将会进一步缩小地区间的经济差距,使得不同区域间经济发展趋向于一种稳定状态。产业结构高级化的收敛是指区域间产业结构高级化差距随着时间的推移将呈缩小趋势,或者趋向于一种稳定的状态。

5.1 研究方法介绍

收敛模型主要包括 σ 收敛、β 收敛和俱乐部收敛,其中 β 收敛包括绝对 β 收敛和条件 β 收敛两种。

5.1.1 σ 收敛方法

σ 收敛方法用来分析随着时间推移，地区或城市产业结构高级化水平的标准差或者变异系数的变动情况，如果标准差或者变异系数随着时间的推移而呈现下降趋势，说明该区域或城市产业结构高级化发展存在 σ 收敛。本文将采用变异系数指标来进一步衡量区域或城市产业结构高级化发展是否存在 σ 收敛。具体计算公式如式（5.1）所示。

$$\sigma = \frac{\sqrt{\sum_{i}^{n_j}(IS_{ij}-\overline{IS_j})^2/n_j}}{\overline{IS_j}} \quad (5.1)$$

其中，IS_{ij} 表示城市群 j 在 t 时期的第 i 个城市产业结构高级化指数，n_j 表示第 j 个城市群内城市的个数（$j=1, 2, 3\cdots 9$），$\overline{IS_j}$ 表示城市群 j 在 t 时期内产业结构高级化指数的平均值。

5.1.2 β 收敛方法

β 收敛方法认为在同质经济体内，落后地区的产业结构高级化将会比发达地区的产业结构高级化增长得更快，即期初产业结构高级化水平较低的城市趋向于比期初产业结构高级化水平较高的城市以更快的速度增长，不同城市产业结构高级化的增长速度与其初始水平呈反比。β 收敛包括绝对 β 收敛和条件 β 收敛，两种 β 收敛共同点在于均是朝着稳态水平的收敛，而不同之处在于，绝对 β 收敛中所有区域或城市间具有相同的产业结构高级化的稳态水平，而条件 β 收敛中区域或城市间的产业结构高级化的稳态水平不相同。

为考察空间相关性和空间依赖性对城市间产业结构高级化收敛的影

响作用，本章将分别建立传统计量模型与空间计量模型，即分别构建不含空间效应的 β 收敛模型和纳入空间效应的 β 收敛模型。

1. 绝对 β 收敛模型

绝对 β 收敛是指在不考虑其他因素的情况下，不同城市间产业结构高级化水平将逐渐收敛到相同水平，城市之间的产业结构高级化水平将不存在差距，即与产业结构高级化水平较高的城市相比，产业结构高级化水平较低的城市的增长速度较高。不含空间效应的绝对 β 收敛模型和纳入空间效应的绝对 β 收敛模型的表达式分别为式（5.2）和式（5.3）所示。

$$\ln \frac{IS_{i,t+1}}{IS_{i,t}} = \alpha + \beta \ln IS_{i,t} + \mu_i \tag{5.2}$$

$$\ln \frac{IS_{i,t+1}}{IS_{i,t}} = \alpha + \beta \ln IS_{i,t} + \rho w_{ij} \ln \frac{IS_{i,t+1}}{IS_{i,t}} + \mu_i \tag{5.3}$$

其中，$IS_{i,t+1}$ 表示 $t+1$ 时期第 i 个城市产业结构高级化指数，$IS_{i,t}$ 表示 t 时期第 i 个城市产业结构高级化指数，$\ln \frac{IS_{i,t+1}}{IS_{i,t}}$ 表示第 i 个城市产业结构高级化指数在 $t+1$ 时期的增长率，w_{ij} 表示空间权重矩阵，ρ 表示"相近"城市的产业结构高级化发展情况对本城市产业结构高级化发展的影响，β 表示收敛系数，α 为常数项。若 $\beta<0$ 且通过显著性水平检验，则说明城市产业结构高级化发展具有收敛特征，否则，说明城市产业结构高级化发展具有发散特征。

2. 条件 β 收敛模型

条件 β 收敛是考虑了各个区域或城市间自身发展条件和特征，各个区域或城市群产业结构高级化水平朝着各自的稳态水平趋近，区域或城市群间的产业结构高级化水平差距依然存在。即各区域或城市群由于技术、人力资本、投资等因素的影响，其产业结构高级化发展将会收敛到其各自的稳态水平。不含空间效应的条件 β 收敛模型和纳入空间效应的条件 β 收敛模型的表达式分别为：

$$\ln \frac{IS_{i,t+1}}{IS_{i,t}} = \alpha + \beta \ln IS_{i,t} + BX + \mu_i \tag{5.4}$$

$$\ln \frac{IS_{i,t+1}}{IS_{i,t}} = \alpha + \beta \ln IS_{i,t} + \rho w_{ij} \ln \frac{IS_{i,t+1}}{IS_{i,t}} + BX + \mu_i \tag{5.5}$$

其中，X 为控制变量，B 为控制变量的系数。

5.2 基于 σ 收敛方法中国产业结构高级化的收敛性分析

首先采用变异系数进行 σ 收敛性分析，根据式（5.1）计算中国九大城市群的变异系数，计算结果如表 5-1 所示，图 5-1 描述了中国九大城市群产业结构高级化 σ 收敛系数的时间变化趋势。

表 5-1 2003~2015 年九大城市群产业结构高级化的变异系数计算结果

年份	京津冀	辽中南	哈长	长江三角洲	中原	长江中游	珠江三角洲	北部湾	成渝
2003	0.349	0.315	0.528	0.463	0.357	0.375	0.757	0.442	0.358
2004	0.339	0.326	0.476	0.441	0.374	0.376	0.748	0.384	0.353
2005	0.299	0.310	0.385	0.368	0.356	0.389	1.026	0.304	0.385
2006	0.308	0.313	0.309	0.365	0.344	0.368	1.031	0.323	0.359
2007	0.317	0.323	0.283	0.358	0.323	0.402	1.034	0.257	0.340
2008	0.314	0.321	0.296	0.360	0.303	0.358	1.086	0.255	0.325
2009	0.272	0.315	0.304	0.399	0.304	0.376	1.018	0.211	0.296
2010	0.272	0.297	0.340	0.390	0.308	0.387	0.969	0.226	0.284
2011	0.286	0.260	0.337	0.433	0.297	0.376	0.928	0.211	0.279

续表

年份	京津冀	辽中南	哈长	长江三角洲	中原	长江中游	珠江三角洲	北部湾	成渝
2012	0.272	0.254	0.345	0.460	0.295	0.373	0.917	0.167	0.341
2013	0.247	0.259	0.321	0.467	0.288	0.370	0.909	0.180	0.344
2014	0.230	0.261	0.281	0.360	0.282	0.389	0.411	0.278	0.331
2015	0.243	0.267	0.247	0.350	0.301	0.398	0.411	0.153	0.280

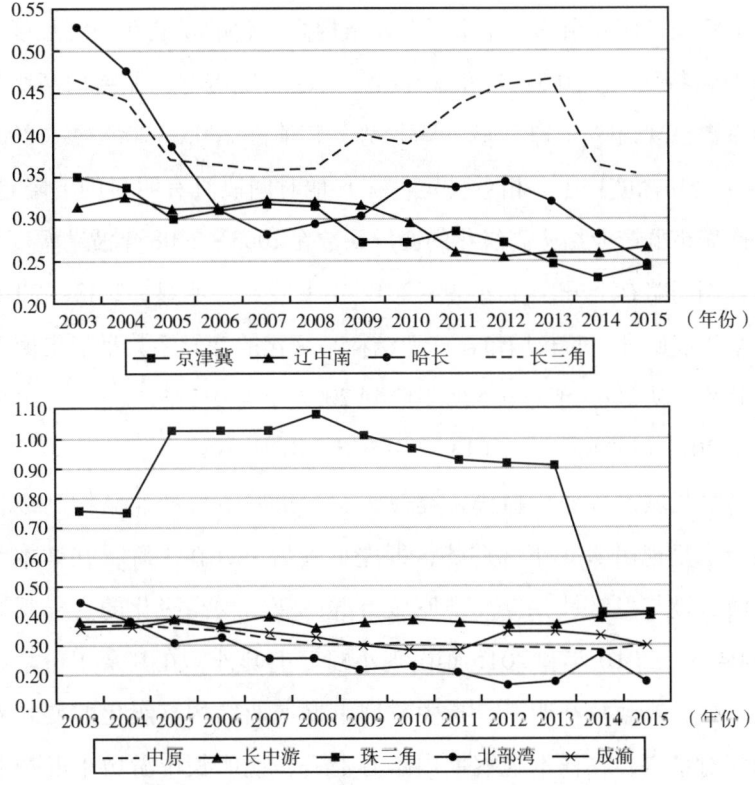

图 5-1　2003~2015 年九大城市群产业结构高级化变异系数趋势

从表 5-1 和图 5-1 可以看出，除长江中游城市群外，其余八大城市群产业结构高级化的变异系数呈现出显著的下降趋势，σ 收敛特征明显。具体而言，京津冀城市群、辽中南城市群、哈长城市群、长三角城市群、中原城市群、长中游城市群、珠三角城市群、北部湾城市群和成渝城市群产业结构高级化的变异系数的年均增长率分别为 -2.968%、-1.363%、-6.136%、-2.299%、-1.417%、0.499%、-4.957%、-8.471%以及-2.023%，除了长江中游城市群外，其余城市群的年均增长率均小于0，降幅最大的城市群为北部湾城市群，年均降幅达到8.471%，其次是哈长城市群和珠三角城市群，其值分别为6.136%和4.957%，说明从整体来看，长中游城市群产业结构高级化的发展表现出发散特征，而其余八大城市群产业结构高级化的发展在一定程度上具有σ收敛特征。从图5-1可以看出，京津冀城市群产业结构高级化的变异系数呈现出"阶梯"型下降趋势，其值在2005~2008年、2009~2012年变动幅度较小，相对稳定，在其他时间段具有明显的下降趋势。辽中南城市群产业结构高级化的变异系数在2003~2008年波动幅度相对平缓，期间略有上升，在2009~2012年下降趋势明显，2013~2015年略有小幅度回升。哈长城市群产业结构高级化的变异系数呈现出倒N形下降趋势，从2003年的0.528下降到2007年的0.283，之后从2008年上升至2012年的0.345，2013~2015年又出现回落。

与哈长城市群变化趋势相类似，长三角城市群产业结构高级化变异系数也呈现出N形下降趋势，即先下降后上升在下降，在样本考察期间收敛性与发散性并存。中原城市群产业结构高级化的变异系数除在2004年、2010年和2015年出现小幅度上升外，在其余年份均出现明显下降，收敛特征明显。长中游城市群产业结构高级化的变异系数波动相对稳定，在样本观察期内略有上升，说明长中游城市群产业结构高级化的发展具有发散特征。珠三角城市群产业结构高级化变异系数呈现出倒U形演变趋势，即先上升后平稳在下降，其值在2003~2005年上升明显，在2006~2013年其波动逐渐趋于稳定，2013~2015年出现显著下降趋势。北部湾城市群产业结构高级化的变异系数在 2006 年、2010 年和 2014 年出现上升，在其余年份均出现明显的降低，说明其产业结构高级化具有显著的收敛特征，而成渝城市群产业结构高级化在 2005 年、2012 年和 2013 年内出现小幅回升，在其余年份呈下降态势，收敛特征较为明显。

5.3 基于 β 收敛方法中国产业结构高级化的收敛性分析

为从整体角度考察空间收敛特征，还将进一步结合采用俱乐部收敛方法，探讨不同区域或城市群产业结构高级化的收敛情况。俱乐部收敛是指具有相似初始条件和经济特征的城市组成的区域或城市群内部呈现出收敛特征，而区域或城市群之间不存在收敛。故本节将进一步检验我国产业结构高级化发展是否具有绝对 β 收敛和条件 β 收敛的特征。

β 绝对收敛认为，随着时间不断推移，各城市群或各地区间的产业结构高级化水平将收敛到相同水平，其内在假定各地区的经济发展水平、技术水平和劳动力状况等条件完全相同。而 β 条件收敛将考虑到各城市在其经济发展水平、技术水平以及劳动力状况等方面的差异性，各个城市或地区产业结构高级化水平将收敛至其各自的稳态水平，而非各地区达到相同水平。故本节在考察各城市产业结构高级化的 β 条件收敛时，将人均 GDP（pcgdp）、技术水平（TFP）以及劳动力水平（Labor）设置为控制变量。其中，对于技术水平，采用全要素生产率（TFP）衡量[①]，以此来衡量技术进步水平对产业结构高级化收敛的影响。人均 GDP 用来考察经济发展水平对产业结构高级化收敛的影响。劳动力水平，采用第三产业就业人数所占比重表示，以此来衡量就业结构对产业结构高级化收敛的影响。

---

① 采用非参数方法计算 Malmquist 指数衡量各城市的全要素生产率（TFP）。

考虑到本书选取全国285个地级市以上地区和九大城市群为研究对象，建立相应β收敛固定效应模型，运用LM检验和稳健LM检验，分别对无空间滞后因变量原假设和无空间自相关误差项原假设进行检验，以判断是否存在空间交互作用。借助Matlab软件，计算结果如表5-2所示。

表5-2　　产业结构高级化收敛的空间相关性检验结果

区域	绝对β收敛				条件β收敛			
	LM Lag	Robust LM Lag	LM Error	Robust LM Error	LM Lag	Robust LM Lag	LM Error	Robust LM Error
全国	1762.1***	1121.5***	653.2***	12.4***	723.4***	23.4***	1764***	1064.5***
京津冀	8.14***	4.25**	8.03***	1.14	12.32***	4.07**	1.46	0.20
辽中南	23.2***	4.4**	18.8***	0.08	20.2***	1.22	19.3***	0.31
哈长	10.93***	1.41	0.54	0.03	4.88**	0.172	0.72	0.006
长江三角洲	38.3***	11.7***	26.7***	8.1***	122.2***	12.05***	35.8***	13.8***
中原	243.6***	40.97***	223.8***	21.1***	225.9***	24.8***	233.5***	32.4***
长江中游	12.12**	0.07	16.9***	4.8**	20.1***	0.29	21.9***	2.93*
珠江三角洲	38.2***	4.2**	34.1***	0.05	30.8***	4.57**	26.4***	0.16
北部湾	6.6***	1.20	5.24**	10.6***	21.72***	2.94*	5.42**	6.20**
成渝	58.9***	0.03	73.3***	14.4***	60.3***	0.213	72.6***	12.5***

注：*、**和***分别表示在10%、5%和1%水平上显著。

在表5-2中，在绝对β收敛的LM Lag检验或稳健LM Lag检验中，全国以及九大城市群的LM检验值（LM Lag统计量）均在1%或5%上的水平上显著，除哈长城市群、长中游城市群、北部湾城市群以及成渝城市群的稳健LM检验值（R-LM Lag统计量）未通过显著性水平检验外，其余城市群的稳健LM Lag检验值均通过1%或5%的显著性水平检验，则应拒绝无空间滞后因变量假设。在绝对β收敛的LM Error检验或稳健LM Error检验中，除哈长城市群，其余城市群的LM检验值（LM Error）均通过1%或5%的显著性水平检验，大多数城市群的稳健LM检验值（R-LM Error）也均在 1% 或 5% 上的水平上显著，则应拒绝无空间自相关误差项假设。所以，绝对 β 收敛模型中存在空间交互作用。此外，从表 5-2 还可以看出，LM Lag 检验的统计量值要大于 LM Error 检验的统计量值，故本文在绝对 β 收敛分析过程中采用空间滞后模型。

在条件 β 收敛的 LM Lag 检验或稳健 LM Lag 检验中，大部分城市群的 LM Lag 检验统计量值或 LM 检验统计量值在 1% 或 5% 上的水平上显著，且 LM Lag 检验统计量值要大于 LM Error 检验统计量值，说明条件 β 收敛模型中存在空间交互作用，且空间滞后模型要更适合条件 β 收敛分析。

从表 5-3 和表 5-4 可以看出，无论是绝对 β 收敛模型和条件 β 收敛模型，其空间滞后模型估计结果中的空间滞后系数 ρ 均大于零，且均通过 5% 或 10% 的显著性水平检验，说明各地区以及各城市群产业结构高级化收敛存在明显的空间相关性。在表 5-3 中，与普通面板回归模型相比，空间滞后模型中的 β 系数的大小及显著性发生一定变化，且空间滞后模型的拟合优度要明显优于普通面板回归模型，就空间滞后模型来说，尽管全国、辽中南城市群、长三角城市群、长中游城市群以及北部湾城市群中的 β 系数小于零，但均不显著，说明这些地区产业结构高级化发展的绝对 β 收敛现象并不明显，而京津冀城市群、哈长城市群、中

表 5-3　　产业结构高级化的绝对 β 收敛模型估计结果

城市群	OLS	SAR		城市群	OLS	SAR	
	β	β	ρ		β	β	ρ
全国	-0.102	-0.401	0.662***	中原	-0.128**	-0.335***	0.686***
京津冀	-0.109***	-0.471***	0.998***	长江中游	0.085	-0.302	0.417**
辽中南	-0.081	-0.087	0.45***	珠江三角洲	-0.073	-0.325*	0.294***
哈长	-0.106**	-0.381***	0.295***	北部湾	-0.147	-0.754	0.436*
长江三角洲	0.13	-0.374	0.546***	成渝	-0.12***	-0.301***	0.249***

注：*、** 和 *** 分别表示在 10%、5% 和 1% 水平上显著。

原城市群、珠三角城市群和成渝城市群的 β 系数小于零，且通过显著性水平检验，说明这些地区存在绝对 β 收敛，由于这些城市群绝对 β 收敛检验均显示收敛，则可认为这些城市群存在显著俱乐部收敛现象。此外，各地区内产业结构高级化水平差距明显，各城市群的经济发展水平、产业结构特点等方面存在差异，其产业结构调整和升级进程很难形成一致，全国范围内的产业结构高级化差异不会自动消除。

进一步考察我国产业结构高级化发展是否存在条件收敛，根据式（5.4）和式（5.5）建立相应模型，模型估计结果如表5-4和表5-5所示。从表5-4和表5-5可以看出，全国、九大城市群的空间滞后模型的拟合优度均明显大于普通面板回归模型，无论是否考虑空间效应，当纳入控制变量后，除辽中南城市群外，其余城市群的 β 收敛系数均显著小于零，当空间滞后模型纳入空间效应后，模型的 β 收敛系数的统计显著性和大小有所提高。在空间滞后模型估计结果中，全国、京津冀城市群、辽中南城市群、哈长城市群、长三角城市群、中原城市群、长中游城市群、珠三角城市群、北部湾城市群以及成渝城市群的收敛系数均小于零，且通过10%显著性检验，表明这些地区产业结构高级化发展存在条件 β 收敛趋势，即九大城市群产业结构高级化发展速度与其初始水平表现出负相关关系。换言之，随着全要素生产率和就业结构的调整，以及经济发展水平的提高，各城市群产业结构高级化发展将达到各自的稳态水平。

从表5-4和表5-5可以看出，各城市群的产业结构高级化收敛存在明显的空间相关性，在融入空间因素后，条件 β 收敛模型中的 β 收敛系数的绝对值要明显大于面板数据模型中的系数。就总体而言，在未考虑空间因素时，产业结构高级化的收敛速度为0.140[①]，当考虑空间因素后，产业结构高级化的收敛速度为0.588。由于空间溢出效应存在，中国

---

① 收敛速度：$\theta = -\dfrac{\ln(1+\beta)}{T}$

表5-4 产业结构高级化的条件β收敛模型估计结果

变量	全国		京津冀城市群		辽中南城市群		哈长城市群		长江三角洲城市群	
	OLS	SAR	OLS	SAR	OLS	SAR	OLS	SAR	OLS	SAR
β	-0.137***	-0.445***	-0.264**	-0.296***	-0.125	-0.169***	-0.154*	-0.277***	-0.184***	-0.290***
TFP	0.029***	0.046***	0.016	0.010**	0.051*	0.068**	0.009	0.018	0.016	0.063**
labor	0.009**	0.089***	0.010*	0.297***	0.022**	0.062	-0.022	-0.028	0.028**	0.096*
pcgdp	0.029*	0.036***	0.159***	0.009**	-0.033	0.007***	0.045	0.205*	0.019	0.133*
ρ	—	0.822***	—	0.288*	—	0.445***	—	0.470***	—	0.511***
R^2	0.172	0.414	0.392	0.640	0.268	0.464	0.269	0.575	0.182	0.362

注：*、** 和 *** 分别表示在10%、5%和1%水平上显著。

表5-5 产业结构高级化的条件β收敛模型估计结果

变量	中原城市群		长中游城市群		珠三角城市群		北部湾城市群		成渝城市群	
	OLS	SAR	OLS	SAR	OLS	SAR	OLS	SAR	OLS	SAR
β	-0.131***	-0.355***	-0.153***	-0.522***	-0.113***	-0.392***	-0.307***	-0.632***	-0.160***	-0.672***
TFP	0.006	0.010	-0.018	-0.059	0.046*	0.011**	-0.042	0.002	0.183***	0.179
labor	0.017	0.098	-0.014	-0.391***	0.025	0.092**	0.004	0.268	0.036***	0.48***
pcgdp	0.001	0.115**	0.075*	0.091**	0.014	0.011	0.172***	0.152**	0.054	0.498***
ρ	—	0.905***	—	0.421***	—	0.547***	—	0.324**	—	0.575***
R^2	0.267	0.584	0.131	0.353	0.176	0.490	0.235	0.521	0.201	0.436

注：*、** 和 *** 分别表示在10%、5%和1%水平上显著。

产业结构高级化的收敛速度明显加快，收敛周期缩短。说明经济距离水平相近的城市间产业结构升级的相互影响更加显著，使收敛速度进一步提升，产业结构高级化协同效应更加明显。

从各城市群收敛系数绝对值大小来看，收敛速度从大到小依次是成渝城市群、北部湾城市群、长中游城市群、珠三角城市群、中原城市群、京津冀城市群、长三角城市群、哈长城市群以及辽中南城市群。成渝城市群、北部湾城市群和长中游城市群的产业结构高级化的收敛速度较快，将最先收敛至其各自稳态水平。

对于控制变量，从全国角度来看，全要素生产率、第三产业就业人数比重以及人均GDP均通过了显著性水平检验，说明全要素生产率提升、就业结构调整以及经济发展水平提高对于我国产业结构高级化收敛起到重要影响作用。从区域角度来看，变量全要素生产率的回归系数在全国、京津冀城市群、辽中南城市群、长三角城市群、珠三角城市群和成渝城市群中大于零，且通过5%或10%的显著性水平检验，而在其他城市群并不显著。变量第三产业就业人数比重的回归系数除在辽中南城市群、哈长城市群、中原城市群、北部湾城市群不显著外，其在长中游城市群显著小于零，在京津冀城市群、长三角城市群、珠三角城市群和成渝城市群中均显著大于零。变量人均GDP除在辽中南城市群和珠三角城市群中的回归系数不显著外，在其余城市群中的回归系数均大于零，且通过显著性水平检验。这说明各城市群产业结构高级化发展速度的驱动因素不同，在缩小城市群内或城市群间产业结构高级化发展差距中应制定符合其自身实际情况的产业引导政策。

第6章 中国产业结构高级化的溢出效应分析

空间因素是研究区域间经济问题的重要因素,忽视空间因素易导致模型设定偏差(Rey and Montouri,1999),而空间统计方法将空间地理位置等因素纳入传统研究方法,避免传统计量模型可能产生的偏误,以准确度量其中的空间溢出效应。区域间产业结构水平的差异是区域经济发展速度快慢、质量高低的重要因素(闫人华等,2013),由于省份或区域间技术、劳动、资本等要素发生流动,一个省份或区域产业结构高级化的发展往往受来自周边省份或区域的制约(何一鸣,2011),产业结构转型升级受来自多方面因素的影响,如产业集聚、外商直接投资、经济发展水平、技术进步、人力资本、市场化程度等因素。

第4章和第5章的研究结论分别表明,我国产业结构高级化发展过程中存在明显的空间相关性和空间收敛性,基于此本章将采用空间统计方法进行中国产业结构高级化的影响因素分析,以考察其中存在的空间溢出效应。

6.1 模型介绍

1. 空间计量经济学

空间计量经济学模型是计量经济学的一个分支,随着空间计量经济学发展进入成熟阶段，该方法已被广泛应用于多个领域的研究，如区域经济学、经济地理学、产业经济学、环境经济学以及国际贸易等传统领域。其作为一种主流的应用计量经济学研究方法逐渐被广泛认可。

有学者（Anselin，1988）界定了空间计量经济学定义，认为在区域科学领域中研究由空间引起的各种特性的一系列方法。其所阐述的区域科学统计模型综合了位置、区域以及与空间相关的影响，空间计量经济学范围涉及该领域内所有的经济模型统计分析。与传统计量经济学相比，空间计量经济学考虑了空间相关性与异质性的特征，空间计量经济学更关注空间数据和模型的特殊性，即更注重对数据"空间效应——空间依赖性与空间异质性"的研究。还有学者（Elhorst，2014）指出，作为计量经济学的一个分支，空间计量经济学模型处理不同地理单位之间的空间互动效应，空间单元可以是城市、邮政编码、自治区、县、州、区域、国家等。它不仅可以用来解释空间单元的关系，还可以解释个体、企业或者政府间的关系。还认为空间计量经济学到传统计量经济学是从"一般"到"特殊"（Elhorst，2014）。

另有学者（LeSage and Pace，2009）认为，空间溢出效应是指某一空间单元变量变化所引起的空间影响，它度量了某空间单元变量变动对其他单元影响，空间溢出是产生空间效应的原因。空间效应检验主要包括空间误差依赖性检验和空间滞后依赖性检验，空间滞后模型（SAR）与空间误差模型（SEM）的主要不同点在于空间滞后项的存在不同，并且还认为，以往文献较为重视空间滞后模型（SAR），但在其应用中存在许多限定，考虑到空间单元间的关系可能同时表现在因变量、未被观测或遗漏的变量上，上述两种模型的设定可能存在偏误，为解决模型建立过程中遗漏变量、空间异质性以及不确定性等问题，应首先考虑更一般模型设定形式——空间杜宾模型（SDM）（LeSage，2014b）。

2. 空间计量模型

大多数研究多采用经典计量模型进行分析,但同时暴露出一定局限性:一是经典计量模型假设条件较严格,由于区域经济发展不平衡性,产业结构转型升级呈现出明显空间关联性,而这无法用经典计量模型加以衡量;二是难以衡量各变量对产业结构升级的空间溢出效应及其动态变化。鉴于此,本书将在建立静态空间面板模型基础上,构建动态空间面板模型进行分析。动态空间模型能够处理以下问题:一是每个空间单元不同时间的观测值之间的序列依赖;二是时间点上的观测值间存在空间依赖;三是不可观测的特定时间或特定空间效应;四是一个或多个解释变量在空间或时间上的内生性。动态空间模型的优势在于:一是可以准确衡量模型中空间溢出效应的动态变化,二是将滞后项纳入模型中,解决内生性问题,减少模型偏误。又考虑到运用动态空间面板模型研究该问题的文献极少,故将其引入溢出效应分析中,以期为此方面研究提供新的视角。

具体而言,首先运用静态空间 Durbin 模型(Elhorst,2014),构建模型如下:

$$Y_t = \delta W Y_t + \alpha t_N + X_t \beta_1 + W X_t \beta_2 + \mu_t \qquad (6.1)$$

在此基础上,借鉴 Elhorst(2014)所建立的动态空间 Durbin 模型($\tau \neq 0$、$\eta \neq 0$),见式(6.2)、式(6.3):

$$Y_t = \tau Y_{t-1} + \delta W Y_t + \eta W Y_{t-1} + X_t \beta_1 + W X_t \beta_2 + v_t \qquad (6.2)$$

$$Y_t = (1-\delta W)^{-1}(\tau I + \eta W)Y_{t-1} + (I-\delta W)^{-1}(X_t \beta_1 + W X_t \beta_2) + (I-\delta W)^{-1}v_t$$
$$(6.3)$$

其中,Y_t 为被解释变量,为 $N \times 1$ 向量,分别代表产业结构高级化 IS;X 为解释变量,为 $N \times K$ 矩阵;t_N 为 $N \times 1$ 单位向量;α 为常数项参数;μ_t

和 v_t 分别为模型误差项，W 为空间权重矩阵；参数 τ、δ、和 η 分别为时间滞后被解释变量 Y_{t-1}、空间滞后被解释变量 WY_t 以及空间和时间滞后被解释变量 WY_{t-1} 的系数；参数 β_1、β_2 分别为解释变量 X_t 和空间滞后解释变量 WX_t 的系数。

另外，运用动态空间 Durbin 模型可导出短期效应和长期效应，短期效应可表示为：

$$\left[\frac{\partial E(Y)}{\partial x_{1k}}\cdots\frac{\partial E(Y)}{\partial x_{Nk}}\right]_t = (I-\delta W)^{-1}(\beta_{1k}I_N + \beta_{2k}W) \qquad (6.4)$$

长期效应表达式可表示为：

$$\left[\frac{\partial E(Y)}{\partial x_{1k}}\cdots\frac{\partial E(Y)}{\partial x_{Nk}}\right] = [(1-\tau)I-(\delta+\eta)W]^{-1}[\beta_{1k}I_N + \beta_{2k}W] \qquad (6.5)$$

短期效应矩阵的对角元素代表短期直接效应[①]，非对角元素代表短期间接效应（溢出效应）[②]，类似的，长期效应矩阵的对角元素代表长期直接效应，非对角元素代表长期间接效应。

此外，对于模型中存在的内生性问题，主要解决方法有：一是将空间滞后项、被解释变量滞后项以及双向固定效应纳入动态空间 Dubin 模型，一定程度上能够消除遗失变量内生性问题；二是采用极大似然方法进行无偏估计，可以有效解决内生性问题。

3. 空间权重的选择

建立空间计量模型首要问题是选择空间权重矩阵，合理的空间权重矩阵能够准确反映出区域间溢出效应，一般情况下，空间相关性是指在截面数据集合中不同区域数据间缺乏独立性情形。空间相关性应该满足"地理学第一定律"（Tobler, 1979），即空间中的变量是有普遍联系的，

[①] 直接效应：某单元特定解释变量变化引起本单元被解释变量的变化。
[②] 间接效应（溢出效应）：某单元特定解释变量的变化引起其他单元被解释变量变化。

这一联系随着距离的增加而衰减,"距离"不仅包括地理距离,还包括广义的距离,如"经济距离""政策距离""人力资本距离"等。从现有大多数空间计量文献中看出,通常涉及两种设置方法,一是空间邻接权重矩阵(空间二进制矩阵),二是空间地理距离权重矩阵,它是以区域间距离倒数作为衡量权重,考虑了地区间不相邻但由于临近可能存在的相互作用关系。

近几年已有研究者从区域经济组织邻近特征的角度构造经济距离权重矩阵,考虑到区域间技术创新活动的空间关联性以及产业结构发展水平相似地区间的协同联动效应,构造特征不同的空间权重矩阵来刻画变量间空间关联模式,包括空间地理距离权重矩阵以及经济距离权重矩阵。

其中,空间地理距离权重矩阵用 W_1 表示,一般按照两地区间地理距离倒数来进行设定,即矩阵元素 W_{ij} 为空间单元 i、j 两地区省会间地理距离的平方倒数;经济距离权重矩阵用 W_2 表示,主要是考虑了经济发展水平差异会影响区域间空间辐射效应的发挥,进而使城市间相互空间影响强度会有所不同,即经济发达地区对经济落后地区的影响程度要大于落后地区对发达地区的影响作用[①],经济距离权重矩阵应将地理距离因素和经济发展因素考虑在内,故经济距离权重矩阵在矩阵 W_1 基础上纳入经济发展水平因素,即 $W_2 = W_1 diag(\bar{y}_1/\bar{y}, \bar{y}_2/\bar{y}, \bar{y}_3/\bar{y} \cdots \bar{y}_n/\bar{y})$,$\bar{y}_i$ 为第 i 城市人均 GDP,$\bar{y}$ 为总人均 GDP。

---

① 由于经济发展程度不同,北京对天津空间影响作用与天津对北京作用会明显不同,而这是 W_1 和 W_2 无法衡量出来的。

6.2 变量说明和数据来源

6.2.1 变量说明

1. 被解释变量

产业结构高级化不仅仅是不同产业的份额和比例关系,其本质上是一种劳动生产率的衡量,否则有可能在一定时期发生"虚高度"(刘伟,2008),本书采用指数法计算2003~2015年我国285个地级及以上地区的产业结构高级化水平(IS),具体测算公式如下:

$$IS_{it} = \sum_{n=1}^{N} r_{int} L_{int} \tag{6.6}$$

其中,i代表地区,n代表产业,t代表时间,r_{int}为t年份i地区第n产业增加值所占总体产业的比重,L_{int}为t年份i地区第n产业的劳动生产率,N为产业总数目。

2. 解释变量

依据前文理论部分对产业结构高级化演进的内在作用机理,从技术进步、社会需求、投资供给、人力资源等方面选取影响产业结构高级化的因素。

(1)对于技术进步,作为产业结构升级的根本动力,技术水平提高有利于推动传统产业技术改造,形成新产业和推进产业结构升级步伐。大部分研究文献多采用研发投入、专利申请数量等具体指标进行衡量,也有学者用全要素生产率进行代替,运用 LP 法、OP 法以及生产函数法等计算全要素生产率。而考虑到我国城市间经济发展差异性特征，参数（半参数）的设定形式具有一定局限性，本书采用非参数方法计算 Malmqulist 指数衡量各地区的全要素生产率（TFP），并在 Malmqulist 指数分解的基础上，将其分解为技术变动指数（TC）和效率变动指数（EC）两部分，分别为式（6.7）和式（6.8）：TC 反映由 t 时期到 $t+1$ 时期最佳生产技术边界的变化；EC 衡量由 t 时期到 $t+1$ 时期相对效率的变动。

$$EC = D_0^{t+1}(x^{t+1}, y^{t+1}, b^{t+1}) / D_0^{t}(x^t, y^t) \tag{6.7}$$

$$TC = \left[\frac{D_0^t(t^{t+1}, y^{t+1}) D_0^t(x^t, y^t)}{D_0^{t+1}(x^{t+1}, y^{t+1}) D_0^{t+1}(x^t, y^t)} \right] \tag{6.8}$$

DEA 方法所选取的变量包括各城市 GDP、就业人数以及资本存量，资本存量的计算借鉴张军做法，使用永续盘存法估算资本存量，折旧率 δ 设为 9.6%，具体计算公式为：$K_{it} = I_{it}/P_{it} + (1-\delta)K_{i,t-1}$，$P_{it} = U_{it} \times P_{i,t-1}$，利用公式计算各城市在 2003~2015 年期间资本存量。

（2）社会需求。社会消费需求是产业结构升级的立足点，作为产业结构升级的重要推动力，社会需求结构及其规模在一定程度上决定了产业结构更替和变迁方向，本书从居民消费和政府消费两方面来衡量最终需求，鉴于数据可获得性，采用人均 GDP（pcgdp）和社会消费品零售总额占比（Sc）来衡量居民需求，其中，人均 GDP（pcgdp）进行自然对数值处理，而社会消费品零售总额占比（Sc）采用社会消费品零售总额占 GDP 比重来表示，政府需求则采用财政支出占 GDP 比重（Gov）来表示。

（3）外商直接投资（FDI），将以美元为单位的各城市外商直接投资额按照当年实际汇率调整为人民币计价，并将其与各城市实际 GDP 比重来表示。

（4）人力资本存量（H）：已有文献中人力资本存量的衡量方法较多，常见的指标有平均受教育年限、教育支出比重、人力资本投资规模、中学入学率等。与大多数实证文献选用的指标保持一致,采用各省平均受教育年限衡量各省人力资本存量,参考周少甫做法,分别将小学、初中、高中、大专及以上的受教育年限设定为 6 年、9 年、12 年和 16 年,并以各教育阶段人口比例作为相应权重,分别计算各省份的平均受教育年限。

(5) 产业集聚。常用的产业集聚衡量指标主要包括 Hoover 指数、Gini 系数、E-G 指数以及区位熵指数,由于区位熵指数不仅能够消除地区规模差异,而且还较好地反映地理要素的空间分布,故本文采用区位熵指数来分别衡量三次产业的集聚程度。第 i 地区 r 产业的区位熵 $Aggl$ 的计算公式为:

$$Aggl = \left(\frac{e_{ir}}{\sum_i e_{ir}}\right) \bigg/ \left(\frac{\sum_r e_{ir}}{\sum_i \sum_r e_{ir}}\right) \tag{6.9}$$

其中,e_{ir} 表示第 i 地区 r 产业总产值。分别选用各城市三次产业产值计算各产业区位熵,以衡量地区各产业集聚水平,用 $Aggla$、$Agglm$、$Agglt$ 分别表示第一、二和三产业集聚程度。

(6) 金融发展程度 (Fin)。金融市场发展有利于地区经济增长以及产业结构变迁,金融发展能够通过外部规模经济效应、网络经济效应和资源配置效应等途径推动产业结构升级。采用存贷款总额占 GDP 比重来衡量一个地区或城市金融发展程度。各变量的统计结果见表 6-1 和表 6-2。

表 6-1　　　　　　　　各变量的描述性统计结果

变量	IS	TFP	Aggla	Agglm	Agglt	Gov
最大值	18.651	5.097	1.941	3.522	2.700	2.109
最小值	0.218	0.199	0.000	0.151	0.291	0.041
平均值	3.363	1.006	0.090	1.610	1.509	0.157
标准差	2.000	0.150	0.186	0.516	0.416	0.102
中位数	3.000	0.999	0.034	1.589	1.500	0.135

表 6-2 各变量的描述性统计结果

变量	Fin	lnH	Sc	FDI	lnpcgdp
最大值	10.739	2.780	11.574	0.408	5.670
最小值	0.508	1.010	0.000	0.000	1.996
平均值	2.003	1.980	0.346	0.038	4.386
标准差	0.983	0.150	0.232	0.045	0.339
中位数	1.726	2.020	0.335	0.022	4.392

6.2.2 数据来源

本书选取空间尺度较小的地级市及以上地区为研究对象，考虑到国家统计局在2002年发布《国民经济行业分类与代码》，以及我国2002年前后城市行政区划调整较大，为使统计口径保持一致，本文所选取的研究时间段为2003~2015年，除行政区划调整（巢湖、毕节、铜仁、三沙）和数据严重缺失的地区外，分别以2003~2015年间285个地级及以上地区和九大城市群（包括152个地级及以上地区）作为研究样本。各城市生产总值、外商直接投资、各产业生产总值以及各产业就业人数等数据来源于历年《中国城市统计年鉴》，其中，九大城市群主要包括京津冀城市群、辽中南城市群、哈长城市群、长三角城市群、中原城市群、长中游城市群、珠三角城市群、北部湾城市群和成渝城市群。

6.3 实证结果分析

首先对变量进行相关系数检验和单位根检验，变量间相关系数结果见附录,除个别相关系数大于0.4外,绝大部分相关系数均小于0.4,说明变量间并不存在明显的多重共线性,单位根检验结果见附录,在LLC检验和IPS检验下,各变量一阶差分检验结果均通过10%的显著性水平检验,即认为各变量具有相同单整阶数。

在建立空间回归模型前,还需要进行空间相关性检验和模型选择检验。首先,为进一步判断和检验是否存在空间相关性,除4.4节采用Moran's I检验方法检验产业结构高级化的空间相关性外,还采用LM检验和稳健LM检验进行检验。其次,在空间相关性检验基础上,采用LR检验形式或者Wald检验形式来判断空间Durbin模型是否可以转换为空间滞后模型或者空间误差模型。

6.3.1 空间计量检验

(1) LM检验和稳健LM检验。由于第4章4.4节已采用Moran's I检验方法检验产业结构高级化的空间相关性,故将采用LM检验方法和稳健LM检验方法检验模型中是否存在空间交互作用,即分别检验无空间滞后因变量原假设和无空间自相关误差项原假设,无空间交互效应面板模型估计结果如表6-3所示,在表6-3中,在地区固定效应模型、时点固定效应模型和双向固定效应模型中,LM Lag的统计量值分别为815.67、836.55和340.18,对应p值均小于0.01,Robust LM Lag的统计量值分别为47.83、170.13和3.22,对应p值分别为0.00、0.00和0.073,LM Lag统计量值和Robust LM Lag统计量值均通过了10%的显著性水平检验,故应拒绝无空间滞后因变量原假设。LM Error的统计量值分别为3215.79、799.52和409.62,对应p值均小于0.01,Robust LM Error的统计量值分别为2447.94、133.09和72.66,对应p值均小于0.01,故应拒绝无空间自相关误差项假设。这说明模型中存在空间交互作用,则应在建立模型时将空间因素考虑在内。

表 6-3　　　　　　无空间交互效应面板模型估计结果

检验方法	地区固定效应		时点固定效应		双向固定效应	
	统计量值	对应 p 值	统计量值	对应 p 值	统计量值	对应 p 值
LM Lag	815.67	0.00	836.55	0.00	340.18	0.00
Robust LM Lag	47.83	0.00	170.13	0.00	3.22	0.073
LM Error	3215.79	0.00	799.52	0.00	409.62	0.00
Robust LM Error	2447.94	0.00	133.09	0.00	72.66	0.00
LogL	-3508.10	—	-5184.90	—	-3287.80	—

（2）模型选择检验。表 6-3 中的（稳健）LM 检验结果表明，模型中存在空间交互作用，接下来需要进一步通过模型选择检验判断哪种模型更适合此问题的分析。以往文献过分重视 SAC 模型，事实上，一般认为 SDM 与空间杜宾误差模型（SDEM）两种模型是区域科学领域首要考虑的（LeSage，2014b）。空间杜宾模型（SDM）同时引入了因变量与自变量的空间滞后项，优点在于既解决了建模过程中的遗漏变量问题，又对空间异质性与不确定性的处理更为有效。

有学者（Lesage，Pace，2009）认为，当 LM 检验或稳健 LM 检验结果拒绝无空间滞后因变量原假设和无空间自相关误差项原假设，接受空间滞后模型或者空间误差模型时，应采用 LR 检验形式或者 Wald 检验形式来判断空间 Durbin 模型是否可以转换为空间滞后模型或者空间误差模型[①]，即分别建立相对应原假设（$H_0: \theta = 0$ 和 $H_0: \theta + \delta\beta = 0$），前者检验模型能否转化为空间滞后模型，而后者检验模型能否转化为空间误差模型，若检验结果均拒绝原假设，则应考虑空间 Durbin 模型，否则采用空间滞后模型（SAR）或者空间误差模型（SEM）。

另外，时点固定效应模型虽然考虑时期影响，但却易忽视地区间差异所产生的影响，同样地，地区固定效应则会忽视时期影响。由于地区

---

① 若空间滞后模型和空间误差模型能够进行估计，检验可以采用 LR 检验形式，若其中存在空间模型不能被估计情况，检验则只能采用 Wald 检验形式。另外，Wald 检验更易受非线性参数的约束，LR 检验则以两模型估计结果为条件。

时间固定效应同时考虑到区域差异和时期变化影响，故本书采用 LR 检验地区（或时点）固定效应是否联合显著，若拒绝原假设，则可以将空间效应扩展到双向固定效应模型。在表 6-4 中，由地区固定效应模型、时点固定效应模型和双向固定效应模型中的 LogL 值可计算得出 LR 检验值，LR 检验值分别为 40.66 和 775.92，则应拒绝原假设，即应将模型扩展到双向固定效应模型。

表 6-4　　　　　　　　静态空间 Durbin 固定效应模型

模型	空间时点固定效应		空间时点固定效应（修正）	
	地理距离权重	经济距离权重	地理距离权重	经济距离权重
Wald lag	383.86	322.35	345.31	290.61
LR lag	365.28	321.28	365.28	321.28
Wald error	345.92	268.83	314.29	242.2
LR error	338.11	222.84	338.12	222.84
Hausman	—		336.35	371.07

由于空间（时点）固定效应或者双向固定效应会使模型产生参数估计偏差问题，偏差修正法对解释变量系数估计值影响有限，但其对空间滞后因变量系数 WY 和空间自变量系数 WX 影响十分明显，故对参数进行偏差修正处理[①]。建立相应的空间 Durbin 双向固定效应模型，表 6-4

---

① 广义嵌套空间模型（GNS）所采取的偏差修正形式为：

$$\begin{bmatrix} \hat{\beta} \\ \hat{\theta} \\ \hat{\delta} \\ \hat{\lambda} \\ \hat{\sigma}^2 \end{bmatrix}_{BC} = \begin{bmatrix} 1_k \\ 1_k \\ 1 \\ 1 \\ \dfrac{T}{T-1} \end{bmatrix} \times \begin{bmatrix} \hat{\beta} \\ \hat{\theta} \\ \hat{\delta} \\ \hat{\lambda} \\ \hat{\sigma}^2 \end{bmatrix} - \frac{1}{N}\left[-\sum(\hat{\beta},\hat{\theta},\hat{\delta},\hat{\lambda},\hat{\sigma}^2)\right]^{-1} \begin{bmatrix} O_k \\ O_k \\ (1-\hat{\delta})^{-1} \\ (1-\hat{\lambda})^{-1} \\ (2\hat{\sigma}^2)^{-1} \end{bmatrix}$$

其中，$\sum(\hat{\beta},\hat{\theta},\hat{\delta},\hat{\lambda},\hat{\sigma}^2)$ 为对数似然函数与 $-1/(NT)$ 乘积的二阶导数期望值。偏差修正的具体做法为：剔除式中第二行和第四行为 SAR 模型偏差修正过程，剔除第二行和第三行为 SEM 模型偏差修正过程，剔除第四行为 SDM 模型偏差修正过程。

中，在地理距离权重下，空间时点固定效应模型和空间时点固定效应（修正）模型中 Wald-lag 值和 LR-lag 值分别为 383.86、365.28 和 345.31、365.28，在经济距离权重下，其值分别为 322.35、321.28 和 290.61、321.28。空间滞后 Wald 检验值（Wald-lag 值）和 LR 检验值（LR-lag 值）在 1% 显著性水平下均拒绝原假设 $H_0: \theta = 0$，说明空间 Durbin 模型不能简化为空间滞后模型；同样地，在地理距离权重下，空间时点固定效应模型和空间时点固定效应（修正）模型中 Wald-error 值和 LR-error 值分别为 345.92、338.11 和 314.29、338.12，在经济距离权重下，其值分别为 268.83、222.84 和 242.2、222.84。空间误差 Wald 检验值（Wald-error 值）和 LR 检验值（LR-error 值）在 1% 显著性水平下均拒绝原假设 $H_0: \theta + \delta\beta = 0$，说明空间 Durbin 模型不能简化为空间误差模型，即与空间滞后模型和空间误差模型相比，空间 Durbin 模型更为适合该问题的研究。

此外，进一步采用 Hausman 检验判断空间 Durbin 模型是选择随机效应还是固定效应更佳，Hausman 检验结果在地理距离权重和经济距离权重下分别为 336.35 和 371.07，其对应 p 值分别为 0.00 和 0.00，均小于 0.025，故均拒绝原假设，即空间 Durbin 模型采用固定效应进行估计。

6.3.2 空间溢出效应分析

与静态空间 Durbin 模型相比，动态空间 Durbin 模型能够估计出解释变量的长、短期的直接效应和间接效应。此外，静态空间面板模型容易忽视影响产业结构高级化的潜在影响因素，将采用动态空间 Durbin 模型进一步分析产业结构高级化的空间溢出效应。结合式（6.2），动态空间 Durbin 模型的估计结果如表 6-5 所示。

表 6-5 动态空间 Durbin 固定效应模型

变量	距离权重 W_1 (1)			经济距离权重 W_2 (2)		
IS_{t-1}	0.662**	0.661**	0.647*	0.583**	0.580**	0.579**
WIS_t	0.885***	0.882***	0.891***	0.795***	0.836***	0.851***
WIS_{t-1}	0.107*	0.113*	0.120**	0.096	0.108**	0.103**
TFP	0.525***	—	—	0.516***	—	—
EC	—	-0.050	—	—	-0.063	—
TC	—	—	0.623***	—	—	0.657***
Aggla	-0.998	-0.939	-0.935	-1.350	-1.272	-1.262
Agglm	1.251**	1.217**	1.201**	1.504***	1.461***	1.441***
Agglt	1.337	1.284*	1.274	0.624**	1.558	1.538
GOV	-0.908***	-0.900***	-0.898***	-0.946***	-0.941***	-0.934***
Fin	0.175***	0.181***	0.190***	0.185***	0.193***	0.202***
lnH	1.155	1.195*	1.325*	1.058	1.100	1.233*
Sc	-0.092	-0.094	-0.094	-0.089	-0.092	-0.091
Fdi	2.391**	2.400**	2.223**	2.413**	2.432**	2.258**
lnpcgdp	1.660***	1.658***	1.712***	1.755***	1.736***	1.812***
WTFP	0.655	—	—	1.263	—	—
WEC	—	0.589	—	—	0.494	—
WTC	—	—	0.889	—	—	1.033
WAggla	-0.207	-0.210*	-0.304	-0.847	0.182	0.674
WAgglm	0.310**	0.231*	0.252**	1.843**	1.898*	1.443***
WAgglt	0.736	0.799*	0.855	1.484**	1.503**	1.550**
WGOV	-0.274***	-0.199**	-0.103	-0.429**	-0.557*	-0.597
Wfin	0.101*	0.104*	0.142**	0.709	0.718*	0.675*
WlnH	0.403*	0.479	0.514*	0.882*	0.614*	0.740
WSc	-1.640	-1.658	-1.622	-1.526	-1.557	-1.481
WFdi	0.165	-0.404	-1.384	2.345	1.604	1.318
Wlnpcgdp	0.282***	0.234**	0.158**	0.765**	0.885**	0.772***

注：*、** 和 *** 分别表示在 10%、5% 和 1% 水平上显著。

一方面，为检验本书所建立的动态空间 Durbin 模型是否会增加模型解释力，通过动态和静态空间 Durbin 固定效应模型中估计结果中的 LogL 值构造 LR 检验统计量①，来检验 Y_{t-1} 和 WY_{t-1} 系数的联合显著性，在距离权重矩阵和经济权重矩阵下的计算结果分别为 904.6 和 1077.53。这进一步证实了本书可以采用具有动态效应的扩展模型。另一方面，比较动态 Durbin 模型估计结果与静态空间 Durbin 模型估计结果，可以发现，两模型估计结果在变量系数及其显著性方面大体一致，但两者在直接效应和间接效应的大小和显著性方面具有明显差别，即将静态空间 Durbin 模型转化为动态空间 Durbin 模型是有必要的。

另外，动态空间 Durbin 固定效应模型中的空间系数 $\rho(0.205)$ 要明显小于静态空间 Durbin 固定效应模型中的空间系数 $\rho(0.768)$。这从侧面说明静态空间 Durbin 模型在一定程度上高估了产业结构高级化的空间效应，这是因为产业结构高级化的滞后项及其空间滞后项将影响产业结构高级化的潜在因素（如经济环境、产业政策、地区差异等）从空间结构因素中分离出来，这从侧面说明我国产业结构高级化进程具有连续性和动态性特征。

在表 6-5 中，被解释变量 IR 滞后项 Y_{t-1} 在距离权重（W_1）和经济距离权重（W_2）下的估计结果分别为 0.662、0.661、0.647 和 0.583、0.580、0.579，且均通过 10% 的显著性水平检验，说明不论在距离权重还是在经济距离权重下，IS_{t-1} 的系数均显著大于零，产业结构高级化滞后一期（IS_{t-1}）对当前期的影响作用是正向显著的，说明在样本考察期内，产业结构高级化的调整存在动态特征，滞后期的产业结构高级化程度对后期具有动态影响作用，中国产业结构高级化过程通过其自身扬弃过程，实现前期产业结构对后期产业结构高级化发展的动态影响，即总体来看，产业结构高级化进程具有正向连续性的动态特征。产业结构高

---

① 限于篇幅原因，文中并未列出静态空间 Durbin 模型的估计结果。

级化的正向连续性动态特征可能与以下几点有关：一是产业结构高级化扬弃过程除了与产业结构比例的惯性延续存在密切关系外，还与企业学习曲线效应存在直接关系，新知识扩散具有滞后性，学习曲线的生产成本下降效应是一个渐进过程。二是新技术与产业内存量知识等方面的最优配置不是瞬时，新技术对提升产业劳动生产率需要一个过程。三是产业规模经济效应的实现也具有时滞特征。空间滞后项 WIS_{t-1} 的系数在距离权重（W_1）和经济距离权重（W_2）下的估计结果分别为 0.107、0.113、0.120 和 0.096、0.108、0.103，大部分系数均通过10%的显著性水平检验，说明不论在距离权重还是在经济距离权重下，WIS_{t-1} 的系数均显著大于零，即若"邻近"地区产业结构高级化滞后期与本地区当期产业结构高级化程度相似，则"邻近"地区会促进当期本地区产业结构高级化的发展，这可能是由于"邻近"地区间产业结构高级化程度越相近，产业间产出结构与要素结构越匹配，"邻近"地区间生产要素的合理配置，必然会引起本地区生产要素结构产生变动，有利于产业结构进行升级。

对于变量全要素生产率，全要素生产率（TFP）在距离权重（W_1）和经济距离权重（W_2）下的估计结果分别为 0.525、0.516，且均通过1%的显著性水平检验，总体来看，全要素生产率对产业结构高级化产生正向促进作用，即全要素生产率能够有效推动产业结构高级化发展进程。而全要素生产率（TFP）的效率变动（EC）的估计系数在距离权重（W_1）和经济距离权重（W_2）下分别为 -0.050 和 -0.063，均小于零，但其并未通过显著性水平检验，而其技术变动方面（TC）的估计系数在距离权重（W_1）和经济距离权重（W_2）下分别为 0.623 和 0.657，均通过5%的显著性水平检验，这说明从整体角度来看，全要素生产率促进产业结构高级化发展的内在推动力来源于全要素生产率的技术变动方面。

对于产业集聚，从表6-5可以看出，第一产业集聚（Aggla）系数在（1）和（2）中小于零，但均不显著，说明第一产业集聚程度的提高对产业结构高级化的影响不明显。第二产业（Agglm）集聚系数在（1）和（2）中均大于零，在距离权重（W_1）和经济距离权重（W_2）下分别为1.251、1.217、1.201和1.504、1.461、1.441，通过5%的显著性水平检验，说明从整体角度来看，第二产业集聚对产业结构高级化发展具有显著推动作用。第三产业集聚（Agglt）系数在（1）和（2）中大于零，在距离权重（W_1）和经济距离权重（W_2）下分别为1.337、1.284、1.274和0.624、1.558、1.538，大部分系数并未通过显著性水平检验，说明从整体来看第三产业集聚并不能有效推动产业结构升级，这可能与区域间经济发展水平有关。从表6-5还可以看出，第二产业集聚空间系数和第三产业集聚空间系数均大于零，且其在经济距离权重下的空间系数值要显著大于距离权重下的值，说明第二产业集聚和第三产业集聚在经济距离相近的区域更易发生正向空间溢出效应。在新经济地理学理论中，产业集聚过程中的集聚效应能够通过降低边际生产成本来促进产业生产率的提高，推动产业结构朝高级化方向演进。但产业集聚程度提高一定程度时，会产生拥挤效应，导致地区生产要素成本升高，降低地区生产效率，不利于产业结构升级。

对于金融发展（Fin）变量，从表6-5可以看出，金融发展变量在距离权重（W_1）和经济距离权重（W_2）下分别为0.175、0.181、0.190和0.185、0.193、0.202，且均通过1%的显著性水平检验，此外，其金融发展变量在经济距离权重下的估计系数要显著大于其在距离权重下的估计系数，其空间系数显著大于零，说明从总体来看，金融发展能够有效促进其本区域及其邻近区域产业结构高级化发展，空间溢出效应明显，这种空间溢出效应还与城市或地区间经济发展水平存在较大关系。

对于社会需求，在表6-5中，总体来看，不论是在距离权重（W_1）下还是在经济距离权重（W_2）下，社会消费品零售总额占比（SC）的系数及其空间系数均小于零,但均未通过显著性水平检验,说明居民需求对产业结构升级的影响作用并不显著,这可能是由于社会消费品零售总额仅包括商品消费而不包含服务消费,且各地区消费倾向存在差异所导致的。人均 GDP(lngdp)系数及其空间系数在距离权重(W_1)和经济距离权重(W_2)下均显著大于零,且均通过5%的显著性水平检验,说明经济发展水平的提高有利于其产业结构升级,且其具有显著的空间溢出效应。

对于变量财政支出(GOV),总体来看,财政支出系数及其空间系数均小于零,除在个别模型中未通过显著性检验外,大部分系数均通过5%显著性水平检验,说明政府支出并不利于产业结构朝高级化方向发展,即当前我国政府干预政策还不利于产业结构升级。对于外商直接投资(FDI),外商直接投资系数在模型中均小于零,且通过显著性水平检验,尽管其空间系数大于零,但并未通过显著性水平检验,这说明整体来看,外商直接投资并不利于我国产业结构高级化发展,空间溢出效应不显著。对于变量人力资本(lnH),不论在距离权重(W_1)还是在经济距离权重(W_2)下,人力资本存量系数及其空间系数均大于零,仅在部分模型中通过了10%显著性水平检验,说明整体来看人力资本存量对产业结构升级的促进作用并非十分明显。

为考察各个因素变量的空间效应,进一步将各变量的空间总效应分解为直接效应和间接效应。从空间效应分解结果中可以看出(见表6-6),总体来说,短期效应要远小于其相对应长期效应,变量全要素生产率(TFP)的短期直接效应和长期直接效应均显著为正,而长期间接效应和短期间接效应均不显著,这说明全要素生产率对产业结构高级化发展具有显著的促进作用,但其对其他地区未形成有效的空间溢出效应。

变量 Aggla 的长短期效应均未通过显著性水平检验,说明第一产业集聚对产业结构高级化发展的支撑力不足,变量 Agglm 的直接效应和间

表 6-6　　　　　　　　主要变量空间效应分解结果

变量	直接效应		间接效应	
	短期	长期	短期	长期
TFP	0.014**	0.568*	0.071	0.123
Aggla	0.205	1.465	-0.005	0.153
Agglm	0.082	1.563***	0.042**	0.672**
Agglt	0.156	1.319	-0.160***	0.095
lnH	0.794	3.348***	0.083	0.169*
GOV	-0.338	-1.371***	0.035	-0.900**

注：*、**和***分别表示在10%、5%和1%水平上显著。

接效应均大于零，且长期直接效应、长期间接效应和短期间接效应均通过显著性水平检验，说明第二产业集聚对本地区和其"相邻"地区的产业结构高级化发展均产生显著的促进作用。而变量 Agglt 的短期直接效应、长期直接效应以及长期间接效应均大于零，但并不显著，而其短期间接效应显著为负，说明尽管第三产业集聚程度的提高能够有效提高本区域的产业结构高级化水平，但第三产业集聚程度的提高对其"邻接"区域形成了较明显的挤占效应，这并不利于其周边城市产业结构高级化的发展，这意味着我国产业结构高级化的发展并非一味地"退二进三"或大力发展服务业，应在提高全要素生产率的前提下谨慎推进产业间的"腾笼换鸟"，同时注重实现产业链的延伸以及产品价值链的提升。变量人力资本 lnH 的长期直接效应、长期间接效应显著大于零，说明人力资本程度的提高有利于本地区产业结构高级化水平提高，且存在长期空间溢出效应。变量 GOV 的长期直接效应和长期间接效应均小于零，通过5%的显著性水平检验，说明目前政府的经济干预行为并不利于本区域以及区域间的产业结构高级化水平提高。

6.3.3 分区域估计分析

考虑到不同区域间经济发展水平存在明显差异，本书将所选样本 285 个城市根据所属省份划分为东、中、西三个地区，在相关检验基础上分别建立动态空间面板模型，估计结果如表 6-7 所示。以我国九大城市群为子样本，分别建立相应模型并进行比较分析，模型估计结果如表 6-8 所示。

表 6-7　区域动态空间 Durbin 固定效应模型估计结果

变量	东部		中部		西部	
	权重 W_1 (1)	权重 W_2 (2)	权重 W_1 (3)	权重 W_2 (4)	权重 W_1 (5)	权重 W_2 (6)
IS_{t-1}	0.773**	0.769**	0.415**	0.436*	0.802***	0.813***
WIS_t	0.817***	0.819***	0.529***	0.493***	0.776***	0.748***
WIS_{t-1}	0.068*	0.070**	0.118***	0.115***	0.203**	0.197*
TFP	0.583***	0.580***	0.514**	0.508**	0.476	0.442
$Aggla$	0.637	0.632	0.591	0.588	1.043*	1.030
$Agglm$	1.105	1.007*	1.380**	1.371**	1.255***	1.246***
$Agglt$	0.973***	0.109***	1.194*	1.191*	0.503	0.586
GOV	-0.957**	-0.948**	-0.417*	-0.426**	-0.684*	-0.688**
Fin	0.184**	0.189**	0.196***	0.231***	0.079	0.104
lnH	-0.135	-0.140	1.170*	1.084*	1.201**	1.308**
Sc	-0.067	-0.063	0.042	0.039	0.103*	0.106*
Fdi	1.105	1.003	2.028**	2.051**	2.359**	2.374**
$lnpcgdp$	1.853***	1.846***	1.366***	1.391***	1.127***	1.133***
$WTFP$	0.079**	0.061**	0.089	0.066	0.147	0.139
$WAggla$	-1.007	-1.105*	0.491	0.498	-0.853	-0.529
$WAgglm$	0.079	1.231	0.805*	0.862**	3.088**	3.443***
$WAgglt$	0.667**	1.204***	-0.158	-0.492	-0.297*	-0.870

续表

变量	东部 权重 W_1 (1)	东部 权重 W_2 (2)	中部 权重 W_1 (3)	中部 权重 W_2 (4)	西部 权重 W_1 (5)	西部 权重 W_2 (6)
WGOV	-0.221*	-0.209*	-0.113	-0.119	0.035	0.042
Wfin	0.058***	0.064***	0.105*	0.110*	-0.033	0.019
WlnH	0.110	0.098	0.074	0.070	0.105*	0.094**
WSc	-0.053	-0.174	0.002	0.013	0.045	0.034
WFdi	0.043	-0.068	0.637*	0.644*	1.056**	1.113**
Wlnpcgdp	0.450**	0.492**	0.384*	0.371*	0.184***	0.211***

注：*、**和***分别表示在10%、5%和1%水平上显著。

从表6-7可以看出，在东部和中部地区，全要素生产率（TFP）的估计系数分别为0.583、0.580和0.514、0.508，其值均显著大于零，其空间系数仅在东部地区大于零，且通过5%显著性水平检验。在西部地区，全要素生产率的估计系数分别为0.476和0.442，均未通过显著性水平检验，其空间系数并不显著，说明全要素生产率对我国产业结构高级化的促进作用主要体现在东部和中部地区，而对西部地区产业结构高级化发展的影响作用并不明显。而东地区产业结构高级化更易受到全要素生产率的外溢助力，即邻域地区全要素生产率的提升有利于其本身产业结构高级化的发展。在表6-8中，从城市群层面看，除在北部湾城市群和辽中南城市群，变量全要素生产率（TFP）的估计系数在京津冀城市群、哈长城市群、中原城市群、长三角城市群、珠三角城市群、长中游城市群以及成渝城市群中均大于零，且均通过10%的显著性水平检验，这说明在上述城市群中，全要素生产率能够对其产业结构高级化的发展产生重要驱动作用。

在表6-7中，第二产业集聚（Agglm）系数在东、中和西部地区模型中均大于零，其在东部地区（1）模型中并不显著，在（2）模型中通过10%的显著性水平检验，在中部和西部地区Agglm估计系数均通过5%

表 6-8 九大城市群动态空间 Durbin 固定效应模型估计结果：经济距离权重

变量	京津冀	辽中南	哈长	长三角	长中游	中原	珠三角	成渝	北部湾
IS_{t-1}	0.421**	0.507***	0.632***	0.492***	0.836***	0.743**	0.554**	0.646**	0.611***
WIS_t	-0.505**	-0.594***	0.183	-0.575**	-0.615***	-0.711**	-0.554**	-0.578**	-0.530**
WIS_{t-1}	0.070***	0.108***	0.153**	0.084***	0.113**	0.156**	0.042	0.006	0.089
TFP	0.782*	0.674	1.128***	0.001	0.292***	0.225*	0.777***	0.567*	0.392
Aggla	1.441	1.743	0.061	-1.277	-0.180	2.623	-0.861**	0.829**	1.448**
Agglm	-0.412	1.384**	3.717**	-2.739*	1.374	0.401*	1.061	1.036**	3.385***
Agglt	1.504**	1.421***	1.364	0.709**	2.349***	-0.395*	0.923***	1.361	-3.794**
GOV	-1.214**	-0.316	-1.068	-0.573***	-1.479***	-0.764***	-2.091***	-0.722	0.399
Fin	0.861***	0.238	0.019	0.167*	0.831***	0.801***	0.290*	0.330	0.303
lnH	-0.798	-0.774	1.283	-0.705**	0.180*	0.350***	0.184	0.877***	0.913***
Sc	0.175	0.284**	0.987**	-0.663	-0.697	0.735	-0.901	0.508*	0.038
Fdi	-0.853**	-1.065	-0.175	-1.024**	0.932**	0.026**	-0.233	0.916***	0.348***
lnpcgdp	1.643***	1.086***	2.351**	0.359**	1.133***	2.546***	0.154	2.443***	0.145
WTFP	0.532	0.236	0.103	0.139	0.980	-0.116	-3.889	-1.709	-0.724
WAggla	0.273	0.966	0.728	0.355*	-1.709	1.616**	-1.53**	-3.009***	0.815
WAgglm	-0.556	0.481**	1.010*	-0.628*	1.685**	1.733***	-1.624*	0.449***	-1.634
WAgglt	0.266**	0.935***	0.024**	0.570**	-4.537	0.041	0.357**	-1.336	0.698
WGOV	-0.402	-0.812*	-0.553	-0.420	0.742	0.964	-0.694	0.725*	0.627
Wfin	0.856***	0.305	0.091	0.446**	0.669**	0.477**	0.433*	1.026	-1.730
WlnH	0.414	0.038	0.455	0.527	0.506**	0.117**	0.617	0.209***	0.047
WSc	0.864	0.971	0.896	0.960	0.125	0.605	-0.405	-0.002	-0.121
WFdi	-0.381*	0.514*	0.608	-0.656	0.755**	0.326*	-0.058	0.434*	0.585*
Wlnpcgdp	0.881**	0.913*	0.656	0.528*	0.434*	0.066	0.293*	0.919***	0.077

注：*、**和***分别表示在10%、5%和1%水平上显著。

的显著性水平检验，且其空间系数均显著大于零，说明第二产业集聚程度的提高有助于中西部地区产业结构高级化的发展，且存在显著的空间溢出效应，而其估计系数和空间系数尽管在东部地区大于零，但大部分并未通过10%显著性水平检验，说明Agglm的直接效应和间接效应在东部地区不明显。而在表6-8中，第二产业集聚系数在京津冀城市群和长三角城市群中小于零，但并不显著，而在中原城市群、辽中南城市群、哈长城市群、成渝城市群、北部湾城市群中显著大于零，在长中游城市群、珠三角城市群大于零，但显著性不高。Agglm空间系数仅在长三角城市群中显著小于零，在中原城市群、辽中南城市群、哈长城市群、长中游城市群以及成渝城市群显著大于零，在其余模型中均未通过显著性水平检验。第三产业集聚（Agglt）系数在东部地区中显著大于零，其系数在中部地区仅通过10%的显著性水平检验，而在西部地区并不显著。此外，第三产业集聚在京津冀城市群、辽中南城市群、长三角城市群、珠三角城市群以及长中游城市群中显著大于零，而在中原城市群和北部湾城市群中显著小于零，在其余城市群中均未通过显著性检验。第三产业集聚空间系数在京津冀城市群、辽中南城市群、长三角城市群和珠三角城市群中显著大于零。

外商直接投资（FDI）在东部、中部以及西部地区的系数均大于零，但其系数值在中西部地区中均要明显高于东部地区，且显著性水平较高，说明现阶段外商直接投资能够显著促进中西部地区产业结构升级。此外，外商直接投资估计系数在京津冀城市群、长三角城市群中小于零，且通过10%的显著性水平检验，在辽中南城市群、哈长城市群和珠三角城市群小于零，但并未通过显著性水平检验，而在成渝城市群、北部湾城市群、中原城市群、长中游城市群中均大于零，且通过5%显著性水平检验，说明外商直接投资不利于京津冀城市群和长三角城市群的产业结构升级，而能够有效推动成渝城市群、北部湾城市群、中原城市群、长江中游城市群产业结构升级。

金融发展（Fin）对东部和中部地区产业结构高级化的促进作用和空间溢出效应均大于零，均通过显著性检验，其对西部地区产业结构高级化的促进效应和空间溢出效应并未通过显著性检验。说明金融发展在东部和中部地区的资源配置效率要明显高于西部地区。此外，除在辽中南城市群、哈长城市群、成渝城市群和北部湾城市群中，金融发展在其余城市群中的估计系数均大于零，其空间系数在京津冀城市群、长三角城市群、长中游城市群、中原城市群和珠三角城市群均显著大于零，而其空间系数在京津冀城市群、长中游城市群和中原城市群中相对较大，说明金融发展在这三个城市群中的空间溢出效应最为显著。

人力资本系数（lnH）在东部地区小于零，但并不显著，而在中部和西部地区其系数均大于零，且通过10%显著性水平检验，而人力资本空间系数仅在西部地区显著大于零，说明人力资本存量的增加并不利于东部地区产业结构升级，而在中西部地区，人力资本存量的增加能够促进产业结构升级，且人力资本在西部地区的空间溢出效应明显。人力资本系数（lnH）在长三角城市群中显著小于零，在长江中游城市群、中原城市群、成渝城市群以及北部湾城市群中显著大于零，而在京津冀城市群、辽中南城市群、哈长城市群以及珠三角城市群中并不显著。在东部地区或经济发达城市，高技术产业相对集中，产业层次较高，需要大量的高层次、高素质以及高技能专业人才，即产业结构高级化发展需要与之相匹配的人力资本结构相结合，而人力资本存量增加并不意味着人力资本结构的提升，故难以有效推动经济发达地区或城市产业结构升级。在中西部欠发达地区，与我国沿海经济发达地区相比，其产业发展相对缓慢，劳动密集型产业相对集中，产业结构层次较低，人力资本存量水平提高有利于其产业间生产要素流动，提高劳动生产率，推动产业结构升级。对于变量社会消费品零售总额占比（SC），在表6-7中，其系数在西部地区显著大于零，而在东部和中部地区并不显著，其系数仅在辽中南城市群、哈长城市群以及成渝城市群中显著大于零，在其余城市群中并不显著。

6.3.4 分城市规模估计分析

以 2015 年各城市市辖区年末人口数作为衡量标准,将城市规模划分为特大城市(年末人口数大于 200 万以上)、大城市(年末人口处于 100 万~200 万)、中等城市(年末人口数 50 万~100 万)和小城市(年末人口数小于 50 万)四类。按照以上城市规模的划分标准,样本城市中共包含特大城市 45 个、大城市 81 个、中等城市 108 个和小城市 51 个,并以 2015 年的城市规模划分标准分别来选择其他年份的城市。与前文保持一致,对不同规模城市的产业结构高级化等相关面板数据建立动态空间面板模型,估计结果如表 6-9 所示。

在表 6-9 中,被解释变量 IR 滞后项 IR_{t-1} 及其空间滞后项 WIR_{t-1} 的系数均大于零,且通过显著性水平检验,说明在不同城市规模的产业结构高级化进程具有正向连续性的动态特征,且其空间溢出效应显著。

全要素生产率(TFP)系数在特大城市、大城市中以及中等规模城市中均在 10% 或 5% 的显著性水平下大于零,其在小城市中的系数并未通过显著性水平检验,说明全要素生产率的提升将有利于特大城市、大城市以及中等规模城市的产业结构高级化发展,全要素生产率的空间系数(WTFP)在特大城市和大城市中显著大于零,而在中等规模城市和小城市中并不显著,这意味着全要素生产率的促进效应和空间溢出效应具有明显城市规模差异。

对于产业集聚,第一产业集聚(Aggla)系数及其空间系数在表 6-9 中均不显著,从城市规模角度来看,第二产业集聚(Agglm)系数在特大城市中小于零,而在大城市中大于零,但两者均未通过显著性检验,在中等城市和中小城市中均大于零,且通过 10% 显著性水平检验。第三产业集聚(Agglt)系数在特大城市和大城市显著大于零,在中等规模城

表6-9 不同城市规模的动态空间 Durbin 固定效应模型估计结果

变量	特大城市		大城市		中等城市		小城市	
	W_1	W_2	W_1	W_2	W_1	W_2	W_1	W_2
IS_{t-1}	0.447***	0.453***	0.368*	0.371*	0.503***	0.515***	0.862**	0.871***
WIS_t	0.890***	0.886***	0.805***	0.801***	0.637***	0.601***	0.553	0.548
WIS_{t-1}	0.074***	0.072***	0.102***	0.099***	0.005***	0.004***	0.015	0.021
TFP	0.736**	0.741**	0.502***	0.497***	0.381**	0.390**	0.204	0.208
$Aggla$	0.405	0.411	0.082	0.085	0.957	0.961	1.041**	1.045**
$Agglm$	-0.354	-0.363	0.101	0.096	1.119**	1.124**	1.383**	1.367**
$Agglt$	1.280**	1.264**	0.928*	0.944*	-1.035	-1.068	-0.547	-0.561*
GOV	-1.050**	-1.058*	-0.940**	-0.913**	-0.564**	-0.571**	0.384	0.402
Fin	0.194***	0.203***	0.171*	0.167*	0.083**	0.090**	1.053	1.036
lnH	-0.131*	-0.148*	0.041	0.053	1.100**	1.068**	1.292***	1.305***
Sc	-0.046	-0.052	0.023	0.030	0.541*	0.556*	1.027**	1.032**
Fdi	1.205	1.233	0.762	0.787	2.640***	2.583***	1.950***	1.963***
$lnpcgdp$	1.630***	1.638***	1.130**	1.168**	1.907***	1.823***	1.532***	1.540***
$WTFP$	0.032**	0.030**	0.053***	0.057***	0.319	0.377	0.521	0.516
$WAggla$	0.142	0.139	0.478	0.441	0.390	0.326	0.046	0.062
$WAgglm$	-0.036	-0.089**	-0.742**	0.885**	1.056	1.062*	0.421	0.458*
$WAgglt$	0.784***	0.699**	0.320*	0.329**	0.902	-0.879	-1.457	-1.304
$WGOV$	-0.357	-0.358	-0.013	-0.016	0.136	0.140	0.157**	0.162**
$Wfin$	0.961**	1.106**	0.692*	0.813**	0.535**	0.627**	0.047	0.031
$WlnH$	-0.103	-0.086	-0.137	-0.085	0.638*	0.720*	0.474**	0.382**
WSc	-0.232	-0.341	-0.402	-0.379	0.056	0.041	0.283*	0.276*
$WFdi$	0.393	0.305	0.132	0.116	0.857	0.861	0.267**	0.315**
$Wlnpcgdp$	0.663**	0.656**	0.190	0.112	0.793*	0.842*	0.478**	0.456**

注: *、** 和 *** 分别表示在10%、5%和1%水平上显著。

市和小城市中小于零。说明第一产业集聚对不同城市规模产业结构高级化的影响作用不显著，第二产业集聚对不同城市规模产业结构高级化的影响作用具有显著差异，第三产业集聚对大城市规模以上城市的产业结构高级化发展具有显著促进作用，但其不利于中等规模城市和小城市产业结构高级化的发展。

对于大城市和特大城市，其工业化扩张步伐放缓，产业发展处于以服务业为主的城市化阶段，我国第三产业所占总体比重还处于较低水平，其技术含量和产品附加值相对较高，服务业集聚使其知识和技术溢出效应更为明显，产业集聚加强了产业间要素投入—产出结构的协调程度，其经济活动在集聚过程中产生的"集聚效应"，产业集聚使得各种生产要素有效配置，提高了资源配置效率，加速技术和知识的溢出，降低了市场交易成本，使其具有显著的生产率优势，从而促进了产业结构的调整和升级。对于中等规模城市和小城市，其产业发展要相对落后于大城市，大多数城市处于以制造业为主的工业化阶段，产业结构仍以劳动密集型产业为主，本地区技术密集型和生产性服务业的发展不足，产业服务化调整短期内打破了现有的工业化结构，在一定程度上容易造成"结构性失衡"，导致要素配置效率低下，不利于整体产业结构升级。即第三产业集聚并不利于中小城市产业结构升级。这意味着对于东部城市尤其是特大城市或城市群，第二产业集聚阻碍了其产业结构升级，特别是制造业过度集聚，我国大部分制造业还处于全球价值链低端，产品技术含量和附加值低，其过度集中所产生的拥挤效应和过度竞争不利于我国经济发达地区产业结构升级。与之相反，第二产业集聚对产业结构高级化的作用其在经济欠发达地区或小城市中产生积极影响，而第三产业集聚有利于东部城市尤其是特大城市或城市群产业结构升级。即说明对于东部地区，有效产业转移（尤其是第二产业）或促进第三产业集聚将明显提高其城市劳动生产率，推动其产业结构升级，对于中部和西部地区，为避免东部地区第二产业过度集聚所带来的不利影响，在承接和培育相关产业并提高第二产业集聚程度的同时,更应促进制造业与服务业的良性互动发展。

从城市规模来看,社会消费品零售总额占比(Sc)系数在中等规模城市、小城市中大于零,且通过10%显著性水平检验,说明居民需求对产业结构升级的促进作用主要体现在中等规模城市以下中。人力资本(lnH)系数在特大城市中小于零,且通过10%显著性水平检验,而在中小规模城市中显著大于零,说明人力资本存量增加并不利于特大城市产业结构升级,但能显著提高中小规模城市的劳动生产率。

在表6-9中,外商直接投资在特大城市和大城市中均未通过显著性水平检验,而其系数在中小城市中显著大于零,说明外商直接投资对产业结构升级的作用在不同地区、城市中的存在一定差别。对于我国大部分地区,尤其是中西部地区、中小城市以及经济欠发达的城市群,其经济发展相对缓慢,产业结构层次较低,其对资本和技术需求较大,外商直接投资不仅提高资本供给,而且能够带来先进的技术和管理经验,并通过技术溢出、资源配置以及人才流动等方式提升产出效率,推动产业结构升级。

另外,值得注意的是,金融发展对中等规模及以上的城市的产业结构高级化发展具有显著的促进作用,其对小城市产业结构高级化发展的影响作用小于零,并未通过显著性水平检验。从空间溢出效应来看,金融发展仅在小城市中未通过显著性检验,说明中等规模以上城市,特别是大城市,在金融信息获取和成本运营等方面具有优势,金融发展条件相对完善,其在一定程度上可以摆脱本地服务市场规模限制,对其邻域地区或经济发展程度相似地区提供金融服务,优化资源配置,产生空间溢出效应,促进产业结构升级。可以看出,金融发展对产业结构高级化的影响作用与区域、城市规模存在较大关系,金融发展对产业结构高级化发展的促进作用和正向空间溢出效应主要体现在东部、中部地区以及中等规模以上城市,其对西部地区和小城市产业结构高级化发展的作用并不明显。

从分区域估计结果和分城市规模估计结果可以看出，产业结构高级化的空间溢出效应在不同区域间或城市规模间均存在明显差别，这在一定程度上说明，城市间经济发展条件、市场分割或制度性障碍等因素阻碍了产业结构高级化发展的空间传导机制。目前我国产业结构调整受多方面因素制约，受产业集聚阴影效应、区域间市场分割以及产业过度竞争的影响，城市间产业结构高级化水平存在明显差距，而诸多行政性壁垒和制度性障碍严重制约着生产要素的跨区域或跨城市流动与配置，产业结构高级化的空间关联效应和空间集聚效应存在"断层"，导致空间传导机制严重受挫。

6.4 进一步讨论

前文通过空间计量模型分析了中国产业结构高级化过程中存在的空间溢出效应，以及各因素在不同区域、城市群以及城市规模条件下的空间影响作用。在此基础上，本节将从关系数据出发，实证考察中国产业结构高级化发展影响因素对其空间关联关系的影响效应。

6.4.1 变量选择与模型方法

在第 4 章 4.3 节中，块模型分析说明中国产业结构高级化在板块间存在显著空间溢出效应和梯度特征，且四大板块自反性程度比较高，板块内部省份以及板块间省份的协同发展趋势明显。区域产业结构之间存在显著关联作用关系。省际间产业结构特征和发展方式越相似，产业结构高级化发展的协同效应和关联效应越明显，而产业结构特点和发展方式差异越大的省份，其高级化发展的空间关联程度越低。

本书将选取技术进步①、人力资本结构、贸易开放度、资本形成额、经济发展水平、政府支出以及城镇化率变量来衡量省际间产业结构或发展方式的相似性，并将其作为解释产业结构高级化空间关联的主要因素。因此，本书认为中国产业结构高级化的空间网络关联关系 R 主要受以下指标差异的影响，具体衡量指标包括：空间地理邻接关系（s），技术变动指数相似程度（Tc）、各省份大专以上受教育人员占总就业人员比例相似程度（Lc）、各省份进出口总额占相应地区 GDP 比例相似程度（Oc）、各省份资本形成额占地区 GDP 比例相似程度（Kc）、各省份政府支出占相应地区 GDP 比例相似程度（Gc）、各省份人均 GDP 相似程度（Pc）以及各省份城镇人口的比例相似程度（Uc）、各省份外商直接投资占固定资产投资额的比例相似程度（Ic）。模型可设为如下形式：

$$R = f(S, Tc, Lc, Oc, Kc, Gc, Pc, Uc, Ic) \tag{6.10}$$

产业结构高级化的空间关联关系 R 为被解释变量，解释变量包括 S、Tc、Lc、Oc、Kc、Gc、Pc、Uc、Ic。所有变量都是 1 - 模矩阵，空间关联矩阵 R 第 4 章 4.3.2 节中图 4 - 7 所对应的矩阵形式，空间地理邻接关系 S 是 0 - 1 矩阵，即矩阵元素为二进制取值，相邻省份间为 1，否则为 0。对于 Tc、Lc、Oc、Kc、Gc、Pc、Uc、Ic 八个指标，分别取 1998 ~ 2013 年各省市相对应指标平均值，再以各省份指标平均值的绝对相似程度构建相应变量的相似矩阵。

由于建立经典计量模型的前提条件之一是要求自变量间相互独立，不存在高级线性相关，否则出现多重共线问题，导致模型参数估计失效。加之所使用数据属于关系数据，关系变量间可能存在高级相关性，故传统计量方法并不适用于关系数据的检验与分析。针对关系数据，引入社会网络分析中特定检验关系矩阵的方法，即 QAP 方法。与传统检验

---

① 采用 Malmqulist 指数分解出来的技术变动指数来衡量各地区技术进步的情况。

方法不同，QAP 是一种非参数检验，以置换检验为基础，用以检验关系变量间的关系，它不要求总体分布和变量间相互独立的假设，检验结果更加可靠稳健。故采用 QAP 矩阵相关分析和 QAP 矩阵回归分析。

6.4.2 QAP 相关分析

QAP 是一种用来检验关系矩阵间关系的方法，其思想是对矩阵的行和列同时进行置换，再计算置换后矩阵与模式矩阵间的相关系数，保证自变量矩阵与因变量矩阵在行和列上的约束关系，以此求得显著性和相关系数小于或大于实际系数的概率。

借助 UCINET，根据 QAP 相关分析方法分别检验产业结构高级化空间关联矩阵 R 与解释变量关系矩阵 S、Tc、Lc、Oc、Kc、Gc、Pc、Uc、Ic 的相关关系，检验结果如表 6-10 示。

表 6-10 相关系数检验结果

变量	实际相关系数	显著性水平	标准差	最小值	最大值	Prop≥0	Prop≤0
S	0.608	0.000	0.040	-0.118	0.160	0.000	1.000
Lc	-0.072	0.034	0.037	-0.134	0.128	0.034	0.975
Ic	0.108	0.007	0.038	-0.117	0.149	0.007	0.995
Gc	0.180	0.000	0.042	-0.146	0.158	0.000	1.000
Kc	0.167	0.001	0.038	-0.114	0.187	0.001	1.000
Pc	0.062	0.065	0.038	-0.126	0.190	0.065	0.948
Tc	0.140	0.002	0.039	-0.121	0.181	0.002	0.998
Oc	0.010	0.416	0.038	-0.108	0.155	0.416	0.636
Uc	0.048	0.119	0.038	-0.118	0.182	0.119	0.901

表 6-10 结果表明，产业结构高级化空间关联矩阵 R 与自变量关系矩阵 S、Tc、Lc、Kc、Gc、Ic 的相关系数分别为 0.608、0.140、

−0.072、0.180、0.167、0.108,且均在5%显著性水平下显著,这说明在1998~2013年,地理位置邻接关系S和关系变量Tc、Kc、Gc、Ic,分别与产业结构高级化的空间溢出(区域传递)存在显著正向关系,而Lc与空间关联矩阵R相关系数为负。在5%显著性水平下,关联矩阵R与解释变量关系矩阵Pc、Oc和Uc间的相关系数并不显著,说明关系变量Pc、Oc和Uc与产业结构高级化空间溢出效应的关系程度并不明显。

在表6-10估计结果的基础上,进一步通过QAP方法分析解释变量关系矩阵S、Tc、Lc、Kc、Gc、Ic之间的相关关系,结果如表6-11示。结果表明,政府支出占相应地区GDP的比例相似程度Gc与变量关系矩阵Ic、S和Tc显著相关,人力资本结构相似程度Lc与关系矩阵S、Tc存在显著相关关系,外商直接投资占比相似程度Ic与矩阵Gc、S、Kc相关,地理位置邻接关系矩阵S与其他五个关系矩阵存在显著相关关系,资本形成额占比相似程度矩阵Kc与Ic、S、Tc相关,技术变动指数相似程度矩阵Tc与S、Lc、Kc、Gc存在显著相关关系,由此可见,解释变量关系矩阵之间存在明显"多重共线"问题,若进一步分析关系数据对产业结构高级化空间关联矩阵R的影响作用,传统计量模型与方法则暴露出一定局限性,这也是处理关系数据需要解决的问题,为克服这一问题,试图采用QAP回归分析方法研究空间关联矩阵R与解释变量关系矩阵间的回归关系。

表6-11 相关系数分析结果

变量	Gc	Lc	Ic	S	Kc	Tc
Gc	1.000***	−0.004	0.117***	0.121***	−0.015	−0.078**
Lc	−0.004	1.000***	0.074	0.118***	0.096	0.269**
Ic	0.117***	0.074	1.000***	0.093**	0.097*	0.064
S	0.121***	0.118***	0.093**	1.000***	0.091**	0.133***
Kc	−0.015	0.096	0.097*	0.091**	1.000***	0.290***
Tc	−0.078**	0.269**	0.064	0.133***	0.290***	1.000***

注:***、**、*分别表示在1%、5%和10%水平上显著。

6.4.3 QAP 回归分析

QAP 回归分析旨在进一步分析多个相关关系矩阵之间的相互影响作用，在 QAP 相关分析基础上，以考察期内产业结构高级化空间关联矩阵 R 作为被解释变量，以关系矩阵 S、Tc、Lc、Kc、Gc、Ic 作为解释变量，进行 QAP 回归分析。回归结果见表 6-12。

表 6-12　　　　　　　　QAP 回归分析结果

变量	非标准化系数	标准化系数	显著性 p 值	PAL	PAS
常数	-0.009	0.000	—	—	—
Gc	0.101	0.111	0.000	0.000	1.000
Lc	-0.018	-0.020	0.268	0.732	0.268
Ic	0.026	0.030	0.072	0.072	0.928
S	0.688	0.579	0.000	0.000	1.000
Kc	0.087	0.102	0.001	0.001	1.000
Tc	0.039	0.046	0.071	0.071	0.929

除表 6-12 所示结果外，模型的 R^2 为 0.497，调整后的 R^2 为 0.494，单尾检验概率接近于 0，观察项目数为 930。这说明关系矩阵 S、Tc、Lc、Kc、Gc、Ic 可以解释"中国产业结构高级化空间关联"变异的 49.4%。

表 6-12 中回归结果给出了截距项、非标准化回归系数、标准化回归系数以及相对应的显著性检验结果。PAL（PAS）表示双尾检验概率，指随机置换下生成的系数绝对值不小于（不大于）所观察到的判定系数。六个变量 Gc、Lc、Ic、S、Kc、Tc 的回归系数分别为 0.111、-0.020、0.030、0.579、0.102、0.046，显著性 p 值依次为 0.000、0.268、0.072、0.000、0.001、0.071，除变量 Lc 外，其他变量回归系数的统计意义是显著的，其中，关系变量 Gc 和 Kc 最显著，而变量 Lc 不

显著，说明 Lc 对空间关联矩阵 R 的变化贡献不足，人力资本结构的相似矩阵 Lc 并不利于产业结构高级化的空间溢出和传递，这可能是由于板块省份间人力资本结构差距过大以及人力资本结构分布不均衡等原因造成的。关系变量 S 的回归系数最大，达到 0.579，说明空间地理位置的邻接对省际间产业结构高级化的协同发展发挥着重要作用，这意味着我国产业结构高级化的空间关联发展具有区域联动效应。而技术变动指数相似性 Tc、政府支出结构相似性 Gc、外商直接投资占比相似性 Ic 以及资本形成额占比相似性 Kc 也是空间关联关系矩阵 R 的重要影响因素，这些关系变量有利于中国产业结构高级化空间关联关系的形成，进而使其产生空间溢出传递效应。

第7章 研究结论及政策建议

本书阐述了产业结构变迁的内在演进机制,并从理论和实证两个角度研究我国产业结构高级化的空间关联效应和空间溢出效应,为我国产业结构升级的研究提供一种新视角。

7.1 研究结论

产业结构高级化涉及产业间比例关系和产业内部劳动生产率两方面,通过指数法测度中国产业结构高级化程度,将产业结构高级化的总效应分解为技术效应和结构效应,研究发现我国产业结构高级化发展动力主要来源于产业生产率的提升,空间效应是研究产业结构高级化发展不可忽视的重要因素。主要结论如下:

(1) 采用 Dagum 基尼系数及其分解方法从东、中、西部地区以及九大城市群层面分析我国产业结构高级化的总体空间差距、地区内空间差距、地区间差距及其演变趋势,结果表明:

①中国产业结构高级化空间分布的总体地区差距在 1997~2015 年考察期内呈现缩小发展趋势。东部和西部地区内产业结构高级化差距均呈现出明显下降趋势,而中部地区空间差距呈现出 N 形的演变趋势。东、中部地区内部的产业结构高级化发展不平衡程度要高于西部地区。空间

差距的主导因素具有阶段性变化特征。

②九大城市群内产业结构高级化基尼系数呈现出下降趋势，但不同城市群间表现出不同的演变趋势。从数值大小来看，空间差距从大到小依次为珠江三角洲城市群、长江三角洲城市群、长江中游城市群、哈长城市群、成渝城市群、中原城市群、辽中南城市群、京津冀城市群和北部湾城市群。九大城市群产业结构高级化的群内差距变化趋势表现出明显差异。空间差距的主要因素为群间差距，其次分别为超变密度和群内差距。

（2）结合核密度估计方法进一步研究东、中、西部地区和九大城市群产业结构高级化的动态演进规律，研究得出中国产业结构高级化水平在样本考察期内不断提升，东、中和西部地区产业结构高级化发展过程中并未出现明显的极化现象。总体上，九大城市群产业结构高级化的核密度曲线除在分布位置上均呈现右移特征外，其在波峰心态、数量以及分布特征等方面表现出显著差异，各城市群产业结构高级化的分布不均衡现象显著。

（3）运用社会网络分析法对中国产业结构高级化的空间网络结构进行考察，研究表明中国产业结构高级化的空间网络关联程度逐年增强，多重叠加现象明显，空间关联网络表现出"总体分异、板块聚类"特征，空间异质性和依赖性并存。中国产业结构高级化空间网络可分为四个板块："净溢出""双向溢出""主受益"以及"经纪人"，且各板块自反性程度较高，板块间"梯度传递"机制明显。

（4）综合运用ESDA方法、LISA马尔科夫链方法和空间马尔科夫链探究中国产业结构高级化的空间集聚模式及其路径演进规律。研究发现：

①我国产业结构高级化在其发展过程中所表现出的正空间相关性先降低后增强，存在地理上的空间集聚现象，其集聚模式总体上存在一个由"低—低"集聚模式向"高—高"集聚模式的主演化趋势。尽管处于

第三象限"低—低"空间集聚模式的城市数量有所减少,但从总体来看,处于第三象限"低—低"城市数量所占比重依然很大,这从侧面说明我国各城市间产业结构高级化发展不平衡性现象明显。

②空间滞后因素对不同观测类型的空间转移概率产生显著差异影响。相邻城市产业结构高级化水平的提升能够降低(提高)本城市产业结构高级化水平向下(向上)转移的概率。当空间滞后类型依次提高时,观测类型Ⅰ和Ⅱ所受到的空间溢出效应均先增大后减小再增大,呈N形趋势,观测类型Ⅲ的所受到的空间溢出效应先增大后减小,呈倒V形趋势。当空间滞后类型依次降低时,观测类型Ⅴ和Ⅳ所受到的短板效应均先增大后减小,呈倒V形趋势。"溢出效应"明显大于"短板效应",即等级相对较高的空间滞后类型所带来的正面影响要大于等级相对较低的空间滞后类型所产生的负面影响。对于邻域所产生"溢出效应"和"短板效应",当邻域类型与观测类型之间的差距适中时,邻域空间滞后类型所带来的"溢出效应"和"短板效应"就会明显增强,当这种差距过小或者过大时,这两种效应会相应地减弱。饱和型转移概率要大于取代型转移概率,区位邻域间溢出效应显著。

(5)采用σ收敛模型和β收敛模型对城市间产业结构高级化进行收敛性分析,以考察空间效应对城市间产业结构高级化收敛的影响作用。研究发现,除长江中游城市群外,其余八大城市群产业结构高级化的变异系数整体上呈现出显著的下降趋势,具有σ收敛特征。不同城市群在不同发展阶段表现出明显差异。在融入空间因素后,条件β收敛模型中的β收敛系数的绝对值要明显大于面板数据模型中相对应系数,各地区及各城市群产业结构高级化收敛存在明显的空间相关性。在未考虑空间因素时,产业结构高级化的收敛速度为0.140,当考虑空间因素后,产业结构高级化的收敛速度为0.588。空间溢出效应使得中国产业结构高级化的收敛速度明显加快,收敛周期缩短。

(6)结合空间统计方法从空间溢出效应视角产业结构高级化的空间

溢出效应分析和影响因素分析。研究表明，通过空间效应检验和模型选择检验，动态空间杜宾模型较适合进行产业结构高级化的空间溢出效应分析。从总体来看，产业结构高级化进程具有正向连续性的动态溢出特征，全要素生产率促进产业结构高级化发展的内在推动力来源于全要素生产率的技术变动方面，但全要素生产率未形成显著的空间溢出效应。变量产业集聚、金融发展、人均GDP、人力资本对我国产业结构高级化发展均产生正向促进作用，且空间溢出效应显著。而居民需求、财政支出以及外商直接投资的空间效应并不显著。此外，长期效应要大于短期效应，第三产业集聚程度的提高有利于本区域产业结构高级化水平的提升，但其空间效应小于零，即其对其"邻接"区域形成了较明显的挤占效应，并不利于其周边城市产业结构高级化的发展，我国城市产业结构高级化的发展并非一味地"退二进三"或大力发展服务业，应在提高全要素生产率的前提下谨慎推进产业间的"腾笼换鸟"。

7.2 政策建议

（1）重视中国产业结构高级化空间网络结构特征，宏观产业结构政策的制定和市场机制的构建应充分考虑省际或区域间产业结构高级化发展的空间联动作用，从整体上推进省际间产业结构高级化的协同发展。根据各省份或区域在空间网络中的不同地位以及板块内外的传递机制，因地制宜，出台针对性强、精准性高的差别化产业政策，形成适合各省份或区域产业结构转型升级的有效路径。进一步加强邻近省份或区域间的技术交流，凸显技术创新的示范效应，鼓励引进创新型、技术型人才，缩小与邻近省份或区域的差距，提高劳动、资本等要素的配置效率，为区域间产业结构高级化的"溢出效应"和"梯度传递"创造更多"管道"，从而降低大规模城市对小规模城市的虹吸效应，避免产业"集聚阴影"所产生的负面影响。

(2) 重视我国产业结构升级的空间区域联动机制。我国产业机构转型升级具有明显空间关联性，各区域或省份相关部门在依据本省份经济发展水平、资源禀赋等方面的基础上，还应重视产业结构区域关联带动效应，相关决策的制定要充分考虑到邻近区域或者省份的人力资本水平特点和产业结构政策，发挥省际间产业结构转型升级的协同效应。有效利用人力资本的空间溢出效应。即应充分利用人力资本对产业结构转型升级的空间辐射效应，加强"邻近"区域间人力资本水平的关联性，从而使其空间促进作用达到最大化。在提高人力资本存量的同时，更应注重人力资本结构的优化。因此，一方面在加大对高等教育财政支持的同时，更应促进高等教育资源实现区域间协调化和均衡化，加强创新型、技术型人才的交流和引进，优化人力资本结构。另一方面，鼓励并扶持企业对劳动者的职业技术教育培训，提高劳动者技能和素质，从而促进生产要素的有效配置。促进人力资本与技术创新相结合，增加人力资本的产出效率，从而推进产业结构转型与升级。

(3) 引导外商直接投资向中西部城市的转移，外商直接投资不仅提高国内的供给和需求，而且还能够缓解企业资本不足和技术低下等问题，外商直接投资在我国产业结构转型升级中发挥着重要作用，但从整体来看，外商直接投资地域分布不均衡现象明显，且存在显著的产业偏向，这在一定程度上使外商直接投资对产业结构高级化发展的影响作用具有明显的地域差异和产业差异。因此，还应不断完善外资引进机制，优化外商投资结构，通过制定差别优惠政策吸引外商到经济发达区域进行投资，充分发挥外商投资对产业结构升级的促进作用。现阶段我国正处于从生产性制造走向服务性制造的关键时期，进一步提高区域市场化程度，优化消费结构，通过改善需求结构促进产业结构升级，加快知识—技术密集型服务业的贸易和开放，为先进制造业和现代服务业的发展注入新动力。

(4) 加强区域或城市间商品和生产要素的流动，打破不同地域或城市间"市场分割"和"断层"的局面。充分重视产业结构升级过程中的空间溢出效应，特别是在东部沿海发达地区，地方政府对经济发展的干预程度越高，其对产业结构高级化发展的负向作用就越明显，一方面，分区域调节政府对经济的干预力度，在经济发达地区或城市群应减少政府对经济的干预，而在欠发达地区或城市群政府应结合自身发展特点加强对产业结构升级的引导，促进产业结构高级化发展。另一方面，劳动力、资本等要素在区域自由流动过程中容易受到行政性障碍，地区间"市场分割"使得生产要素再配置过程受到限制，知识、信息、技术等要素空间溢出和关联效应不明显，从而制约着我国产业结构升级全域性的空间传导机制。基于此，减少行政干预，打破行政层级壁垒和地方保护主义，提高市场化程度，"松绑"要素市场，发挥"制度红利"的最大带动效应。

尽管本书结论研究表明，全要素生产率的空间溢出效应并不显著，但其直接效应显著为正，全要素生产率的提升能够显著提高区域内产业结构高级化水平，产业结构升级战略应注重全要素生产率提升，加快产业内的技术链和价值链的优化升级，缓解产业结构变动过程中的资源配置扭曲问题。不同城市规模地区产业结构高级化发展动力存在明显差异，区域产业发展政策和技术创新政策的制定应兼顾城市间的差距问题，结合城市发展规模，统筹协调区域间产业结构差异化的发展模式。同时。加快大中型城市的产业结构高级化调整，发展和培育高附加值产业，特别是现代服务业，鼓励中小城市和中西部城市群承接发达地区产业转移，培育与之相匹配的全要素生产率结构，有效促进产业结构从价值链低端向上攀升，避免"低端锁定"等问题的出现。

参 考 文 献

[1] 蔡昉,王德文,曲玥. 中国产业升级的大国雁阵模型分析 [J]. 经济研究, 2009 (9): 4-14.

[2] 蔡之兵. 空间经济学视角下的产业政策研究 [J]. 经济学家, 2017 (9): 20-26.

[3] 陈建军,杨飞. 人力资本异质性与区域产业升级:基于前沿文献的讨论 [J]. 浙江大学学报(人文社会科学版), 2014 (5): 149-160.

[4] 陈明,魏作磊. 中国服务业开放对产业结构升级的影响 [J]. 经济学家, 2016 (4): 24-32.

[5] 陈明森. 自主成长与外向推动:产业结构演进模式比较 [J]. 东南学术, 2003 (3): 51-66.

[6] 陈体标. 经济结构变化和经济增长 [J]. 经济学(季刊), 2007 (4): 1053-1074.

[7] 陈秀山,徐瑛. 中国制造业空间结构变动及其对区域分工的影响 [J]. 经济研究, 2008 (10): 104-116.

[8] 褚敏,靳涛. 为什么中国产业结构升级步履迟缓——基于地方政府行为与国有企业垄断双重影响的探究 [J]. 财贸经济, 2013 (3): 112-122.

[9] 代谦,别朝霞. 人力资本、动态比较优势与发展中国家产业结构升级 [J]. 世界经济, 2006 (11): 70-96.

[10] 戴觅,茅锐. 产业异质性、产业结构与中国省际经济收敛

[J]. 管理世界, 2015 (6) 34-46.

[11] 丁焕峰. 技术扩散与产业结构优化的理论关系分析 [J]. 工业技术经济, 2006, 25 (5): 95-98.

[12] 范文祥. 国际产业转移对我国产业结构升级的阶段性影响分析 [J]. 经济地理, 2010 (4): 619-623.

[13] 付凌晖. 我国产业结构高级化与经济增长关系的实证研究 [J]. 统计研究, 2010, 27 (8): 79-81.

[14] 傅元海, 叶祥松, 王展祥. 制造业结构优化的技术进步路径选择——基于动态面板的经验分析 [J]. 中国工业经济, 2014 (9): 78-90.

[15] 干春晖, 郑若谷, 余典范. 转型期中国经济增长的产业结构和制度效应 [J]. 中国工业经济, 2010 (2): 58-67.

[16] 干春晖, 郑若谷, 余典范. 中国产业结构变迁对经济增长和波动的影响 [J]. 经济研究, 2011 (5): 4-15.

[17] 高远东, 陈迅. 中国省域产业结构的空间计量经济研究 [J]. 系统工程理论与实践, 2010 (6): 993-1001.

[18] 龚轶. 技术创新推动下的中国产业结构进化 [J]. 科学学研究, 2013 (8): 1252-1259.

[19] 辜胜阻, 刘传江. 技术创新与产业结构高度化 [J]. 武汉大学学报, 1998 (6): 46-51.

[20] 郭克莎. 我国产业结构变动趋势及政策研究 [J]. 管理世界, 1999 (5): 73-83.

[21] 何德旭, 姚战琪. 中国产业结构调整的效应、优化升级目标和政策措施 [J]. 中国工业经济, 2008 (5): 46-56.

[22] 何天祥, 朱翔, 王月红. 中部城市群产业结构高级化的研究 [J]. 经济地理, 2012, 32 (5): 54-58.

[23] 何一鸣, 蒲英霞, 王结臣, 陈刚, 马劲松. 基于马尔可夫链

的四川省产业结构时空演变 [J]. 中国人口·资源与环境, 2011 (4): 68-75.

[24] 胡安俊, 孙久文. 中国制造业转移的机制、次序与空间模式 [J]. 经济学 (季刊), 2014 (4): 1533-1556.

[25] 胡向婷, 张璐. 地方保护主义对地区产业结构的影响 [J]. 经济研究, 2005 (2): 102-112.

[26] 黄玖立, 冼国明. 人力资本与中国省区的产业增长 [J]. 世界经济, 2009 (5): 27-40.

[27] 黄亮雄, 安苑, 刘淑琳. 中国的产业结构调整: 基于三个维度的测算 [J]. 中国工业经济, 2013 (10): 70-82.

[28] 黄亮雄, 安苑, 刘淑琳. 中国的产业结构调整: 基于企业兴衰演变的考察 [J]. 产业经济研究, 2016 (1): 49-59.

[29] 黄亮雄, 王贤彬, 刘淑琳, 韩永辉. 中国产业结构调整的区域互动——横向省际竞争和纵向地方跟进 [J]. 中国工业经济, 2015 (8): 82-97.

[30] 黄茂兴, 李军军. 技术选择、产业结构升级与经济增长 [J]. 经济研究, 2009 (7): 143-152.

[31] 黄茂兴, 李军军. 技术选择、产业结构升级与经济增长 [J]. 经济研究, 2009 (7): 143-151.

[32] 黄溶冰, 胡运权. 产业结构有序度的测算方法——基于熵指数的视角 [J]. 中国管理科学, 2005 (1): 122-128.

[33] 黄湘燕, 锁箭. 我国产业结构高级化的必然趋势 [J]. 经济管理, 2003 (5): 59-62.

[34] 霍利斯·钱钠里, 莫伊斯·塞尔昆. 发展的型式, 1950-1970 [M]. 北京: 经济科学出版社, 1998.

[35] 贾妮莎, 申晨. 中国对外直接投资的制造业产业升级效应研究 [J]. 国际贸易问题, 2016 (8): 143-153.

[36] 贾晓峰. 江苏最终需求结构与产业结构之间互动变化定量研究 [J]. 江苏社会科学, 2015 (6): 260-267.

[37] 姜泽华, 白艳. 产业结构升级的内涵与影响因素分析 [J]. 当代经济研究, 2006, 134 (10): 53-56.

[38] 焦新颖, 喻忠磊, 高啸峰, 张宁. 基于空间分异视角的大都市区产业结构演进——以北京为例 [J]. 经济地理, 2016 (8): 55-63.

[39] 焦勇. 生产要素地理集聚会影响产业结构变迁吗 [J]. 统计研究, 2015 (8): 54-61.

[40] 靳卫东. 人力资本与产业结构转化的动态匹配效应: 就业、增长和收入分配问题的评述 [J]. 经济评论, 2010 (6): 137-142.

[41] 科林·克拉克. 经济进步的条件 [M]. 北京: 华夏出版社, 1978.

[42] 孔曙光, 陈玉川. 广义技术创新与区域产业结构升级的机制探索 [J]. 工业技术经济, 2008, 27 (9): 67-70.

[43] 匡远配, 唐文婷. 中国产业结构优化度的时序演变和区域差异分析 [J]. 经济学家, 2015 (9): 40-47.

[44] 冷炳荣, 杨永春, 李英杰, 赵四东. 中国城市经济网络结构空间特征及其复杂性分析 [J]. 地理学报, 2011 (2): 199-211.

[45] 李荣林, 姜茜. 我国对外贸易结构对产业结构的先导效应检验——基于制造业数据分析 [J]. 国际贸易问题, 2010 (8): 3-12.

[46] 李尚骜, 龚六堂. 非一致性偏好、内生偏好结构与经济结构变迁 [J]. 经济研究, 2012 (7): 35-47.

[47] 李悦, 孔令承. 我国产业结构升级方向研究——正确处理高级化与协调化研究 [J]. 当代财经, 2002 (1): 46-51.

[48] 廖楚晖, 杨超. 人力资本结构与地区经济增长差异 [J]. 财贸经济, 2008 (7): 54-56.

[49] 林毅夫, 蔡昉, 李周. 比较优势与发展战略——对"东亚奇

迹"的再解释 [J]. 中国社会科学, 1999 (5): 4-20.

[50] 刘鹤. 中国劳动力在产业间和区位间的流动性分析 [J]. 经济科学, 1991 (6): 47-53.

[51] 刘红光, 刘卫东, 刘志高. 区域间产业转移定量测度研究——基于区域间投入产出表分析 [J]. 中国工业经济, 2011 (6): 79-88.

[52] 刘厚俊. 劳动力成本上升对中国国际竞争比较优势的影响 [J]. 世界经济研究, 2011 (3): 9-13.

[53] 刘华军, 刘传明, 孙亚男. 中国能源消费的空间关联网络结构特征及其效应研究 [J]. 中国工业经济, 2015 (5): 83-95.

[54] 刘军. 整体网络分析 [M]. 上海: 上海人民出版社, 2014.

[55] 刘启华, 樊飞, 戈海军, 许丙胜. 技术科学发展与产业结构变迁相关性统计研究 [J]. 科学学研究, 2005 (2): 160-168.

[56] 刘伟, 张辉, 黄泽华. 中国产业结构高级与工业化进程和地区差异的考察 [J]. 经济学动态, 2008 (11): 4-8.

[57] 刘伟. 工业化进程中的产业结构研究 [M]. 北京: 中国人民大学出版社, 1995.

[58] 刘晓露, 裴少锋. 区域产业结构升级的影响因素研究——基于河南省地市级面板数据的研究 [J]. 河南科技大学学报（社会科学版). 2014, 32 (5): 69-74.

[59] 刘新争. 基于产业关联的区域产业转移及其效率优化: 投入产出的视角 [J]. 经济学家, 2016 (6): 43-50.

[60] 刘宇. 外商直接投资对我国产业结构影响的实证分析 [J]. 南开经济研究, 2007 (1): 125-134.

[61] 刘志彪, 张杰. 从融入全球价值链到构建国家价值链: 中国产业升级的战略思考 [J]. 学术月刊, 2009 (9): 59-68.

[62] 罗润东. 当代技术进步对劳动力就业的影响 [J]. 经济社会体制比较, 2006 (4): 64-70.

[63] 罗斯托著,郭熙保,王松茂译. 经济增长的阶段 [M]. 北京:中国社会科学出版社,2001.

[64] 罗胤晨,谷人旭. 1980-2011年中国制造业空间集聚格局及其演变趋势 [J]. 经济地理,2014 (7):82-89.

[65] 罗勇,曹丽莉. 中国制造业集聚程度变动趋势实证研究 [J]. 统计研究,2005 (8):22-29.

[66] 吕冰洋. 中国资本积累的动态效率:1978-2005 [J]. 经济学季刊,2008 (1):509-532.

[67] 马强,远德玉. 技术创新与产业结构的演化 [J]. 社会科学辑刊,2004 (2):27-31.

[68] 毛蕴诗,李田,吴斯丹. 从广东实践看我国产业的转型、升级 [J]. 经济与管理研究,2008 (7):16-21.

[69] 欧阳峣,刘智勇. 发展中大国人力资本综合优势与经济增长——基于异质性与适应性视角的研究 [J]. 中国工业经济,2010 (11):26-35.

[70] 潘文卿,陈水源. 产业结构高级化和合理化水平的定量测算 [J]. 开发研究,1994 (1):41-43.

[71] 蒲英霞,马荣华,葛莹,黄杏元. 基于空间马尔科夫链的江苏区域趋同时空演变 [J]. 地理学报,2005 (5):817-826.

[72] 齐讴歌,王满仓. 技术创新、金融体系与产业结构调整波及 [J]. 产业经济,2012 (1):50-55.

[73] 齐鹰飞,王伟同. 人口发展与产业结构调整:经济可持续发展的双驱动力 [J]. 中国人口科学,2014 (4):121-125.

[74] 乔为国,周卫峰. 中国三次产业结构特征及解释 [J]. 数量经济技术经济研究,2004 (11):36-43.

[75] 沈利生. 最终需求结构变动怎样影响产业结构变动——基于投入产出模型的分析 [J]. 数量经济技术经济研究,2011 (12):82-95.

[76] 盛丰. 生产性服务业集聚与制造业升级：机制与经验——来自230个城市数据的空间计量分析 [J]. 产业经济研究, 2014 (2): 32-39.

[77] 收敛性与空间集聚格局 [J]. 财贸研究, 2006 (2): 7-16.

[78] 宋锦剑. 论产业结构优化升级的测度问题 [J]. 当代经济科学, 2000 (3): 92-97.

[79] 宋周莺, 刘卫东. 西部地区产业结构优化路径分析 [J]. 中国人口·资源与环境, 2013 (10): 31-37.

[80] 孙桂芳. 应注重发挥技术进步在产业结构演变中的作用 [J]. 财贸研究, 1991 (6): 29-33.

[81] 孙军. 需求因素、技术创新与产业结构演变 [J]. 南开经济研究, 2008 (5): 58-71.

[82] 汤放华, 汤慧, 孙倩, 汤迪莎. 长江中游城市集群经济网络结构分析 [J]. 地理学报, 2013 (10): 1356-1366.

[83] 唐辉亮. 人力资本结构、技术资本配置结构与产业转型升级能力研究 [J]. 统计与决策, 2014 (2): 106-108.

[84] 陶长琪, 周璇. 产业融合下的产业结构优化升级效应分析——基于信息产业与制造业耦联的实证研究 [J]. 产业经济研究, 2015 (3): 21-31.

[85] 汪海波. 中外产业结构升级的历史考察与启示——经济史和思想史相结合的视角 [J]. 经济学动态, 2014 (6) 4-15.

[86] 王力南. 产业结构调整的驱动因素：人力资本投资 [J]. 统计与决策, 2012 (6): 167-169.

[87] 王晓芳, 于江波. 中国产业结构变动驱动要素的动态轨迹——基于新古典经济学要素流动视角的研究 [J]. 上海经济研究, 2015 (1): 69-88.

[88] 王晓红, 陈范红. 新常态下江苏产业结构调整的显著特征与路径选择 [J]. 南京社会科学, 2015, (11): 151-156.

[89] 王志华, 董存田. 中国制造业结构与劳动力素质结构吻合度分析——兼论"民工荒"、"技工荒"与大学生就业难问题 [J]. 人口与经济, 2012 (5): 1-7.

[90] 文东伟, 冼国明, 马静. FDI、产业结构变迁与中国的出口竞争力 [J]. 管理世界, 2009 (4): 96-107.

[91] 文东伟, 冼国明. 中国制造业产业集聚的程度及其演变趋势: 1998-2009 年 [J]. 世界经济, 2014 (3): 3-31.

[92] 吴志华, 王家新. 产业结构调整与微观基础强化 [J]. 经济评论, 2001 (6): 114-117.

[93] 武晓霞. 省际产业结构升级的异质性及影响因素——基于 1998-2010 年 28 个省区的空间面板计量分析 [J]. 经济经纬, 2014, 31 (1): 90-95.

[94] 西蒙·库兹列茨. 各国的经济增长 [M]. 北京: 商务印书馆, 1999.

[95] 西蒙·库兹涅茨. 各国的经济增长 [M]. 北京: 商务印书馆, 1985.

[96] 谢露露. 产业结构调整、劳动力跨区域流动和集聚效应 [J]. 上海经济研究, 2013 (1): 99-106.

[97] 徐朝阳. 工业化与后工业化: "倒 U 型"产业结构变迁 [J]. 世界经济, 2010 (12): 67-88.

[98] 薛继亮. 产业结构转型和劳动力市场调整的微观机理研究: 理论与实践 [J]. 上海财经大学学报, 2015 (1): 66-73.

[99] 闫海洲. 长三角地区产业结构高级化及影响因素 [J]. 财经科学, 2010 (12): 50-57.

[100] 闫人华, 熊黑钢, 瞿秀华, 郑丽丽. 1975 年以来新疆县域产业结构的空间分异研究 [J]. 经济地理, 2013 (3): 99-105.

[101] 阳立高, 谢锐, 贺正楚, 韩峰, 孙玉磊. 劳动力成本上升对

制造业结构升级的影响研究——基于中国制造业细分行业数据的实证分析 [J]. 中国软科学, 2014 (12): 136-147.

[102] 杨家伟, 乔家君. 河南省产业结构演进与机理探究 [J]. 经济地理, 2013, 33 (9): 93-100.

[103] 杨亚平, 周泳宏. 成本上升、产业转移与结构升级——基于全国大中城市的实证研究 [J]. 中国工业经济, 2013 (7): 147-159.

[104] 于斌斌, 金融集聚促进了产业结构升级吗: 空间溢出的视角——基于中国城市动态空间面板模型的分析 [J]. 国际金融研究, 2017 (2): 12-23.

[105] 于斌斌. 产业结构调整与生产率提升的经济增长效应——基于中国城市动态空间面板模型的分析 [J]. 中国工业经济, 2015 (12): 83-98.

[106] 于泽, 章潇萌, 刘凤良. 中国产业结构升级内生动力: 需求还是供给 [J]. 经济理论与经济管理, 2014 (4): 25-35.

[107] 张保法. 经济增长中的结构效应 [J]. 数量经济技术经济研究, 1997 (11): 33-35.

[108] 张翠菊, 张宗益. 中国省域产业结构升级影响因素的空间计量分析 [J]. 统计研究, 2015 (10): 32-37.

[109] 张桂文, 孙亚南. 人力资本与产业结构演进耦合关系的实证研究 [J]. 中国人口科学, 2014 (6): 96-128.

[110] 张国强, 温军, 汤向俊. 中国人力资本、人力资本结构与产业结构升级 [J]. 中国人口·资源与环境, 2011 (10): 138-146.

[111] 张辉. 全球价值链动力机制与产业发展策略 [J]. 中国工业经济, 2006 (1): 40-48.

[112] 张辉. 我国产业结构高级化下的产业驱动机制 [J]. 经济学动态, 2015 (12): 12-21.

[113] 张明志, 李敏. 国际垂直专业化分工下的中国制造业产业升

级及实证分析 [J]. 国际贸易问题, 2011 (1): 118-128.

[114] 张平, 余宇新. 出口贸易影响了中国服务业占比吗 [J]. 数量经济技术经济研究, 2012 (4): 64-79.

[115] 张其春, 郗永勤. 福建省人力资本与产业结构协同现状及发展研究 [J]. 华东经济管理, 2006 (3): 4-8.

[116] 张其仔. 比较优势的演化与中国产业升级路径的选择 [J]. 中国工业经济, 2008 (9): 58-68.

[117] 张若雪. 人力资本、技术采用与产业结构升级 [J]. 财经科学, 2010 (2): 66-74.

[118] 张少军, 刘志彪. 国内价值链是否对接了全球价值链——基于联立方程模型的经验分析 [J]. 国际贸易问题, 2013 (2): 14-27.

[119] 张少军和李东方. 全球价值链模式的产业转移: 商务成本与学习曲线的视角 [J]. 经济评论, 2009 (2): 65-72.

[120] 张月友, 凌永辉, 徐从才. 苏南模式演进、所有制结构变迁与产业结构高度化 [J]. 经济学动态, 2016 (6): 13-25.

[121] 赵璐, 赵作权. 中国制造业的大规模空间聚集与变化——基于两次经济普查数据的实证研究 [J]. 数量经济技术经济研究, 2014 (10): 110-121.

[122] 郑江淮, 黄永春. 传统产业升级与战略新兴产业发展——基于昆山制造企业的经验数据分析 [J]. 财经科学, 2012 (2): 71-77.

[123] 周昌林, 魏建良. 产业机构水平测度模型与实证分析——以上海、深圳、宁波为例 [J]. 上海经济研究, 2007 (6): 15-21.

[124] 周迪, 程慧平. 中国产业结构水平的分布动态及其空间依赖 [J]. 经济经纬, 2015 (7): 79-84.

[125] 周海银. 人力资本与产业结构升级——基于省际面板数据的检验 [J]. 东岳论丛, 2014 (9): 95-99.

[126] 周林, 杨云龙, 刘伟. 产业政策推进发展与改革 [J]. 经济

研究,1987(3):17-25.

[127] 周少甫,王伟,董登新. 人力资本与产业结构转化对经济增长的效应分析——来自中国省级面板数据的经验证据[J]. 数量经济技术经济研究,2013(8):65-77.

[128] 周振华. 经济增长中的结构效应[M]. 上海:上海人民出版社,1995.

[129] Abramovitz M. The Search for the Sources of Growth: Areas of Ignorance, Old and New [J]. The Journal of Economic History, 1993, 53 (2): 217-243.

[130] Acemoglu D, Zilibotti F. Productivity Differences [J]. The Quarterly Journal of Economics, 2001, 116 (2): 563-606.

[131] Acemoglu D. Guerrieri V. Capital Deepening and Non-Balanced Economic Growth [J]. Journal of Political Economy, 2008, 116 (3): 467-498.

[132] Ahmed E M. Are the FDI inflow spillover effects on Malaysia's economic growth input driven? [J]. Economic Modeling, 2012, 29 (4): 1498-1504.

[133] Akamatsu K. A Historical Pattern of Economic Growth in Developing Countries [J]. The Developing Economies, 1962, 1 (s1): 3-25.

[134] Allen F., Gale D. Financial contagion [J]. Journal of Political Economy, 2000, 108 (1): 1-33.

[135] Anselin L. Spatial econometrics: methods and models [M]. Kluwer, Dordrecht, 1988.

[136] Baldwin R. E., Martin P. and Ottaviano, G. Global income divergence, trade and industrialization: the geography of growth take-off [J]. Journal of Economic Growth, 2001, (6): 5-37.

[137] Baumol W J. Macroeconomics of Unbalanced Growth: The

Anatomyof Urban Crisis [J]. American Economic Review. 1967, 57 (3): 415-426.

[138] Borg E A. The marketing of innovations in high-technology companies: a network approach [J]. European Journal of Marketing, 2009, 43 (3/4): 364-370.

[139] Brandt L., Hsieh C. T., Zhu X. D. Growth and Structural Transformation in China [M]. China's Great Economic Transformation, Cambridge University Press, 2008.

[140] Caselli F., Coleman W. J. The U. S. Structural Transformation and Regional Convergence: A Reinterpretation [J]. Journal of Political Economy, 2001, 109 (3): 584-616.

[141] Ciccone A, Papaioannou E. Human Capital, the Structure of Production, and Growth [J]. The Review of Economics and Statistics, 2009, 91 (1): 66-82.

[142] Contreras O F, Carrillo J, Alonso J. Local entrepreneurship within global value chains: A case study in the Mexican automotive industry [J]. World Development, 2012, 40 (5): 1013-1023.

[143] Dasgupta, P. and J. E. Stiglitz. Industrial structure and the nature of innovative activity [J]. Economic Journal. 1980, 90 (358): 266-293.

[144] Dekle R., Vandenbroucke G. A Quantitative Analysis of China's Structural Transformation [J]. Journal of Economic Dynamics and Control, 2012, 36 (1): 119-135.

[145] Dietrich, A. and J. J. Kruger. Long-run sectoral development: Time-series evidence for the German economy [J]. Structural Change and EconomicDynamics, 2010, 21 (2): 111-122.

[146] Dixit A., Stiglitz J. Monopolistic competition and optimum prod-

uct diversity [J]. American Economic Review, 1977 (67): 297-308.

[147] Ehrlich M. V., Seidel T. More similar firms-More similar regions? On the role of firm heterogeneity [J]. Regional Science and Urban Economics, 2013, (43): 539-548.

[148] Elhorst J. P. Spatial Econometrics from Cross-Sectional Data to Spatial Panels [M]. Springer Heidelberg New York Dordrecht London, 2014.

[149] Fafchamps M., Minten B. Relationships and traders in Madagascar [J]. Journal of Development Studies, 1999, 35 (6): 1-35.

[150] Foellmi R., Zweimüller J. Structural Change, Engel's Consumption Cycles and Kaldor's Facts of Economic Growth [J]. Journal of Monetary Economics, 2008, 55 (7): 1317-1328.

[151] Gereffi, G. International trade and industrial upgrading in the apparel commodity chain [J]. Journal of International Economics, 1999, (48): 37-70.

[152] Greunz L. Industrial structure and innovation Evidence from European regions [J]. Journal of evolutionary economics, 2004, 14 (5): 563-592.

[153] Hausmann, Ricardo, Bailey Klinger. The Structure of the Product Space and the Evolution of Comparative Advantage [R]. CID Working Paper 128, 2006.

[154] Herrendorf D., Rogerson R., Valentinyi A. Growth and Structural Transformation [J]. Handbook of Economic Growth, 2014 (2B): 855-940.

[155] Humphrey, John, Hubert Schmitz. Developing country Firms in the World Economy: Governance and Upgrading in Global Ualue Chains [R]. INEF Report 61, 2002.

[156] Humphrey, Schmitz. How does insertion in global value chains affect upgrading in dustrial dusters?. Regional Studies, 2002, 36 (9): 1017-1027.

[157] Kongsamut P., Seigio R., Xie D. Beyond Balanced Growth [J]. The Review of Economic Studies, 2001, 68 (4): 869-882.

[158] Kruger J. J. Productivity and Structural Change: A Review of the Literature [J]. Journal of Economic Survey, 2008 (22): 330-363.

[159] Krugman P. Increasing returns and economic geography [J]. Journal of Political Economy, 1991, 99: 483-499.

[160] Laitner J. Structural Change and Economic Growth [J]. Review of Economic Studies, 2000, (67): 545-561.

[161] Lesage J. P, Pace P. K. Introduction to Spatial Econometrics [M]. CRC Press Taylor & Francis Group, 2009.

[162] Lewis W A. Economic Development with Unlimited Supplies of Labour [J]. The Manchester School, 1954, 22 (2): 139-191.

[163] Lin J Y. Development Strategy, Viability, and Economic Convergence [J]. Economic Development and Cultural Change, 2003, 51 (2): 277-308.

[164] Lin, J. Y. The Needham puzzle: Why the industrial revolution did not originate in China [J]. Economic Development and Cultural Change, 1995, 43 (2): 269-292.

[165] Malerba F. Demand Structure and Technological Change: The Case of the European Semiconductor Industry [J]. Research Policy, 1985, 14 (5): 283-297.

[166] May R M., Levin S A., Sugihara G. Complex systems: Ecology for bankers [J]. Nature, 2008, 451 (7181): 893-895.

[167] McMillan M, Rodrik D. Globalization, Structural Change and Productivity Growth [R]. NBER Working Paper, NO. 17143, 2011.

[168] McMillan, M. S. and D. Rodrik. Globalization, structural change and productivity growth [J]. NBER Working Paper, No, 2011, w17143.

[169] Michael Peneder. Industrial structure and aggregate growth. Structural Change and Economic Dynamics. 2003 (14): 427 - 448.

[170] Ngai L. R., Pissarides C. A. Structural Change in a Multisector Model of Growth [J]. The American Economic Review, 2007, 97 (1): 429 - 443.

[171] NgaiL R, Pissarides C A. Structural Change in a Multisector Model of Growth [J]. American Economic Review, 2007, 97 (1), 429 - 443.

[172] Okubo T., Picard P., Thisse J. F. The spatial selection of heterogeneous firms [J]. Journal of International Economics, 2010, (82): 230 - 237.

[173] Ottaviano G. "New" economic geography: firm heterogeneity and agglomeration economies [J]. Journal of Economic Geography, 2011, (11): 231 - 240.

[174] Peneder M. Industrial structure and aggregate growth [J]. Structural change and economic dynamics. 2003, 14 (4): 427 - 448.

[175] Poon, ShukChing. Beyond the Global Production Networks: A Case of Further Upgrading of Taiwan's Information Technology Industry [J]. Technology and Globalisation, 2004, 1 (1): 130 - 140.

[176] Porter M. E. The Competitive Advantage of Nations [J]. Harvard Business Review, 1990, 68 (2): 73 - 93.

[177] Rey S. J., and Montouri B. D. US Regional Income Convergence: A Spatial Econometric Perspective [J]. Regional Studies, 1999, 33 (2): 143 - 156.

[178] Romer P. M. Endogenous Technological Change [J]. Journal of Political Economy, 1990, 98 (5): s71 - s102.

[179] Syrquin M., Chenery H. Three Decades of Industrialization [J]. The World Bank Economic Review, 1989, 3 (2): 145 - 181.

[180] Temple J. , Wößmann L. Dualism and Cross-country Growth Regressions [J]. Journal of Economic Growth, 2006, 3 (11): 187 – 228.

[181] Vainio A. M. Exchange and combination of knowledge-based resources in network relationships: A study of software firms in Finland [J]. European Journal of Marketing, 2005, 39 (9/10): 1078 – 1095.

附 录

附表1 2003~2015年九大城市群产业结构高级化的群间差距

年份	1-2	1-3	1-4	1-5	1-6	1-7	1-8	1-9	2-3	2-4	2-5	2-6	2-7	2-8	2-9	3-4	3-5	3-6	3-7	3-8	3-9
2003	0.197	0.261	0.300	0.325	0.242	0.377	0.258	0.270	0.273	0.270	0.357	0.260	0.351	0.267	0.292	0.384	0.291	0.258	0.441	0.278	0.260
2004	0.196	0.248	0.282	0.309	0.250	0.351	0.255	0.266	0.262	0.250	0.343	0.272	0.325	0.273	0.291	0.360	0.269	0.243	0.408	0.247	0.241
2005	0.186	0.226	0.247	0.273	0.254	0.414	0.224	0.280	0.251	0.218	0.313	0.287	0.396	0.259	0.321	0.350	0.211	0.207	0.468	0.184	0.216
2006	0.179	0.208	0.226	0.273	0.259	0.399	0.255	0.280	0.228	0.217	0.300	0.282	0.391	0.280	0.307	0.326	0.201	0.196	0.447	0.186	0.206
2007	0.179	0.187	0.213	0.255	0.259	0.387	0.202	0.287	0.225	0.208	0.295	0.296	0.384	0.242	0.328	0.301	0.193	0.206	0.428	0.158	0.215
2008	0.170	0.170	0.191	0.237	0.252	0.389	0.198	0.284	0.208	0.199	0.281	0.292	0.389	0.242	0.325	0.256	0.199	0.213	0.420	0.172	0.233
2009	0.172	0.163	0.199	0.248	0.230	0.373	0.189	0.252	0.203	0.202	0.298	0.272	0.368	0.243	0.303	0.240	0.223	0.217	0.399	0.181	0.227
2010	0.175	0.179	0.213	0.243	0.229	0.360	0.180	0.220	0.198	0.194	0.298	0.276	0.350	0.233	0.274	0.234	0.250	0.242	0.380	0.202	0.232
2011	0.155	0.178	0.220	0.248	0.223	0.347	0.189	0.203	0.174	0.205	0.270	0.238	0.338	0.203	0.218	0.229	0.276	0.251	0.359	0.222	0.233
2012	0.162	0.194	0.246	0.233	0.211	0.348	0.167	0.207	0.178	0.213	0.273	0.230	0.327	0.187	0.227	0.233	0.296	0.258	0.343	0.224	0.256
2013	0.169	0.198	0.261	0.235	0.207	0.351	0.166	0.207	0.173	0.221	0.270	0.220	0.324	0.178	0.222	0.231	0.298	0.250	0.337	0.221	0.253
2014	0.165	0.171	0.207	0.264	0.230	0.213	0.176	0.244	0.155	0.186	0.268	0.225	0.194	0.157	0.245	0.195	0.267	0.230	0.208	0.174	0.247
2015	0.167	0.166	0.207	0.264	0.228	0.214	0.167	0.264	0.148	0.185	0.276	0.232	0.197	0.151	0.279	0.207	0.237	0.210	0.205	0.134	0.237
均值	0.175	0.196	0.232	0.262	0.236	0.348	0.202	0.251	0.206	0.213	0.296	0.260	0.333	0.224	0.279	0.273	0.247	0.229	0.372	0.199	0.235

续表

年份	4-5	4-6	4-7	4-8	4-9	5-6	5-7	5-8	5-9	6-7	6-8	6-9	7-8	7-9	8-9
2003	0.504	0.408	0.336	0.415	0.443	0.239	0.527	0.244	0.203	0.452	0.234	0.208	0.483	0.498	0.235
2004	0.473	0.402	0.319	0.401	0.423	0.226	0.487	0.211	0.203	0.432	0.215	0.204	0.453	0.467	0.206
2005	0.432	0.404	0.374	0.380	0.437	0.210	0.518	0.177	0.199	0.501	0.195	0.216	0.501	0.540	0.200
2006	0.419	0.400	0.373	0.402	0.425	0.201	0.500	0.176	0.192	0.488	0.193	0.204	0.506	0.523	0.193
2007	0.397	0.392	0.369	0.341	0.430	0.200	0.482	0.159	0.182	0.482	0.189	0.208	0.461	0.523	0.190
2008	0.361	0.370	0.377	0.317	0.409	0.185	0.471	0.148	0.179	0.479	0.180	0.196	0.458	0.521	0.187
2009	0.374	0.344	0.362	0.316	0.380	0.190	0.470	0.143	0.163	0.450	0.166	0.188	0.447	0.493	0.153
2010	0.379	0.351	0.351	0.311	0.355	0.196	0.450	0.150	0.164	0.434	0.174	0.183	0.420	0.451	0.144
2011	0.376	0.332	0.334	0.308	0.319	0.192	0.438	0.141	0.170	0.411	0.165	0.177	0.409	0.417	0.132
2012	0.389	0.334	0.329	0.306	0.336	0.196	0.437	0.140	0.187	0.403	0.159	0.193	0.396	0.422	0.145
2013	0.396	0.329	0.326	0.303	0.339	0.197	0.435	0.145	0.187	0.393	0.159	0.192	0.388	0.417	0.150
2014	0.369	0.310	0.238	0.240	0.340	0.198	0.293	0.186	0.169	0.256	0.190	0.196	0.224	0.298	0.198
2015	0.375	0.312	0.240	0.249	0.376	0.207	0.295	0.157	0.163	0.257	0.170	0.203	0.224	0.320	0.181
均值	0.403	0.361	0.333	0.330	0.386	0.203	0.446	0.167	0.182	0.418	0.184	0.198	0.413	0.453	0.178

注：其中，数字1、2、3、4、5、6、7、8、9分别对应京津冀城市群，（1）辽中南城市群，（2）哈长城市群，（3）长三角城市群，（4）中原城市群，（5）长中游城市群，（6）珠三角城市群，（7）北部湾城市群，（8）和成渝城市群，（9）京津冀城市群和辽中南城市群。

附表 2　变量相关系数检验

变量	TFP	Aggla	Agglm	Agglt	GOV	Fin	lnH	Sc	Fdi	lnpcgdp
TFP	1									
Aggla	−0.031	1								
Agglm	0.008	−0.349	1							
Agglt	0.058	−0.101	−0.325	1						
GOV	−0.002	0.140	−0.424	0.173	1					
Fin	−0.003	−0.091	−0.016	−0.026	0.156	1				
lnH	−0.045	−0.150	0.305	−0.332	−0.273	0.439	1			
Sc	−0.024	−0.061	−0.041	0.005	0.016	0.144	0.119	1		
Fdi	0.048	−0.099	0.320	−0.112	−0.269	0.162	0.343	−0.007	1	
lnpcgdp	0.006	−0.131	0.343	−0.620	−0.171	0.258	0.476	0.004	0.203	1

附表3　　　　　　　　各变量单位根检验结果

变量	LLC		IPS	
	水平检验	一阶差分	水平检验	一阶差分
IS	-1.274	-149.700***	-16.496***	-612.548***
TFP	-35.506***	-47.729***	-21.085***	-30.238***
Aggla	-34.307***	-48.665***	-0.084	-17.653***
Agglm	-20.486***	-15.230***	-5.519***	-8.478***
Agglt	-10.522***	-16.887***	2.744	11.703***
GOV	-9.660***	-80.064***	-4.986***	-5.560***
Fin	-19.221***	-46.089***	3.132	-8.671***
lnH	-1.848**	-16.984***	0.692	-1.363*
Sc	2.663	-13.882***	2.491	-6.802***
Fdi	-66.087***	-155.622***	-14.531***	-26.623***
lnpcgdp	-27.930***	-4.977***	-2.334***	-3.644***

注：***、**、*分别表示在1%、5%和10%水平上显著。